Teresa Palazzo Nazar
(organizadora)

Constitutição do Sujeito

Escola Lacaniana de Psicanálise

EQUIPE DA PESQUISA

Teresa Palazzo Nazar (coordenadora pela ELP-RJ)
Márcio Vasconcelos (coordenador pelo HUAP)
André Luís de Oliveira Lopes
Bethânia Mariani
Fernando Baron
Maria Cecília Vieira Bretas
MariaTeresa Saraiva Melloni
Miriam Celli Dyskant
Shirley D'Avila Baron

EQUIPE REVISORA

André Luís de Oliveira Lopes
Bethânia Mariani
Cristina Ribas
Darlene Vianna Gaudio Angelo
Maria Cecília Vieira Bretas
Miriam Celli Dyskant
Teresa Palazzo Nazar

Editoração eletrônica
FA – Editoração eletrônica

CIP-BRASIL. CATALOGAÇÃO-NA-FONTE
SINDICATO NACIONAL DOS EDITORES DE LIVROS, RJ

Ct82 Constituição do sujeito / Teresa Palazzo Nazar (organizadora). - Rio de Janeiro : Campo Matêmico, 2008.
113p. -(Psicanálise e pesquisa)

Inclui bibliografia
ISBN 978-85-7724-046-3

1. Psicanálise. 2. Sujeito (Filosofia). I. Nazar, Teresa Palazzo. II. Título. III. Série.

08-1394. CDD: 150.195
CDU: 159.964.2

Constituição do Sujeito

Agradecemos ao Professor Dr. Marcio Vasconcelos, que possibilitou o campo de pesquisa no Hospital Universitário Antonio Pedro – Niterói, às equipes da Unidade Intermediária e Unidade de Tratamento Intensivo neonatais, aos bebês e seus pais.

SUMÁRIO

I

APRESENTAÇÃO

Esta série, *Psicanálise e Pesquisa*, destina-se a apresentar os efeitos da interdisciplinaridade entre o discurso psicanalítico e os outros discursos.

Apesar das dificuldades inerentes à sustentação de uma interface entre campos de saber distintos e em função dos limites impostos pela particularidade de cada discurso, um grupo de psicanalistas da Escola Lacaniana de Psicanálise – RJ decidiu lançar-se em uma experiência de escuta, para além da realizada no privado de seus consultórios, na direção do que podemos nomear de clínica geral.

O grupo se dividiu sob o modo de cartéis[1] para evitar os efeitos imaginários e de estagnação sempre presente nos grupos, privilegiando um trabalho mais eficaz na elaboração e transmissão da experiência.

Assim, cada livro da série guardará uma forma particular de lidar com os enunciados e com as enunciações, isto é, com o que aponta para a singularidade de cada fala, evidenciando o sujeito do discurso em questão.

Os escritos de cada texto privilegiaram o que pode ser elaborado em cada experiência, a partir da escuta dos significantes que permeavam

[1] É o órgão de base de uma Escola de Psicanálise. Proposto por Jacques Lacan, o cartel baseia-se em um trabalho de elaboração levado a cabo a partir da escolha entre si de quatro cartelizandos Mais Um, cujo encargo é o de zelar pelos efeitos internos bem como provocar a elaboração. Aposta-se, ao seu término - que não deve ultrapassar dois anos de duração –, que um produto individual advenha desnodulando o cartel.

o campo então, pesquisado. Portanto, os relatos recolhidos nos livros da série não são, necessariamente, citações rigorosas dos entrevistados, mas um trabalho laborioso de tessitura na composição de uma tela, em que a cena emoldurada possa ser vista por todos e as conclusões sejam obtidas a partir da leitura realizada com os significantes de cada um. Optamos por um modo de escrita na qual a autoria constituiu-se a partir da leitura dos textos e demais materiais de pesquisa realizada pelos cartéis envolvidos. Para tal, tomamos como exemplo os livros de *Scilicet*, ainda inéditos em português, nos quais este modo de transmissão do saber psicanalítico privilegia a experiência do conjunto dos *analistas-autores-de-textos*, fundando-se sobre o princípio do texto não assinado "(...) pelo menos por qualquer um que contribuirá com um artigo como psicanalista". Não se tratando de anonimato, ao conjunto da publicação segue-se a lista dos analistas e colaboradores que deram a sua contribuição, a partir do que, Lacan, sendo o único a assinar seu texto, punha à prova a transmissão em psicanálise ao privilegiar a elaboração teórica como produto de um ensino, o seu. Nesta série, optamos por um resgate dessa forma de publicação cabendo, à Escola Lacaniana de Psicanálise – RJ a única assinatura, cujo privilégio a uma produção coletiva aposta que esta seja o testemunho de um ensino em psicanálise.

Assim, o recolhimento e tessitura dos vários ditos constituem uma trama, na qual o que importa é a topologia estrutural de um texto alinhavado para transmitir o não-senso real da experiência com o inconsciente.

Psicanálise e pesquisa

O campo de pesquisas é, para a psicanálise, a *clínica em intensão e extensão.* Chamamos de psicanálise em *intensão* aquela que se dá no percurso de uma análise. A psicanálise em *extensão*, por sua vez, diz respeito aos efeitos da análise pessoal no laço entre os analistas, e também naquele em que estes se relacionam com o social e outros campos de saber.

É preciso, ainda, dizer qual a função da pesquisa numa escola lacaniana de psicanálise: ela faz parte da formação de cada psicanalista, uma vez que, através de seus efeitos, produz-se nele um questionamento sobre o que é sua experiência de discurso.

A psicanálise propõe um modo de pesquisar nos discursos existentes a trama na qual a estrutura de cada um deles possibilita ou dificulta o surgimento do sujeito e, sobretudo, em que posição ele comparece (em evidência ou, ao contrário, recalcado). Assim, a psicanálise propõe-se como uma ferramenta de leitura singular na medida em que não visa o discurso aparente, o enunciado, e sim a enunciação própria ao surgimento do sujeito. É, pois, uma pesquisa objetiva e subjetiva, voltada para os efeitos de movimento do sujeito, não considerando o corpo orgânico senão enquanto suporte material do corpo de linguagem, significante por excelência, que aparece na fala e seus efeitos.

II

INTRODUÇÃO

Algumas características gerais do cérebro e seu funcionamento precisam ser observados para que possamos entender como, neste perfeito e preciso funcionamento da máquina, algo de outra ordem que não o biológico possa vir a interferir modificando o mecanismo e os efeitos deste na vida ulterior do sujeito a advir. Como é possível que em 1,5kg de cérebro - que corresponde à massa encefálica média de um adulto -, das 100 bilhões de células nervosas, cada uma em conexão com milhares de outras células, mais de 100 trilhões de conexões estejam em atividade? E como os 400g de massa cinzenta de um recém-nascido são capazes de preservar os neurônios de toda uma vida?

Vamos tentar responder a estas questões através de uma experiência em curso numa UTI e UI neo-natais[2], acrescida da pesquisa teórico-clínica em torno da constituição do sujeito no campo da fala e da linguagem.

A título de curiosidade e para introduzir nossa discussão sobre a instauração do Inconsciente como um lugar para o sujeito, digamos que as diferenças entre o cérebro de um adulto e o de um neonato não param na questão da diferença de pesos entre um e outro.

---

[2] Nome dado, no Hospital Universitário Antônio Pedro, às respectivas Unidades de Terapia Intensiva e Unidade Intermediária.

Fora o fato de que o cérebro de um bebê é um aparelho em que as conexões sinápticas não estão totalmente desenvolvidas e, por isso mesmo, o peso é menor, ele é quase somente o conjunto de uma massa cinzenta esperando as experiências que podem não apenas desenvolvê-lo, mas especializá-lo e dotá-lo de "memória" subjetiva.

Se não é prematuro ou não porta uma perturbação orgânica qualquer, todo bebê está condições de respirar, regular a temperatura do corpo, fazer bater o coração, sugar, recuar diante de um estímulo doloroso etc. sem necessitar de aprendizado. A estas potencialidades os neurologistas reputam o fato de serem inatas. Mas todo o resto precisa ser apreendido através da relação do bebê com seu Outro primordial, que pode ser, por exemplo, a mãe e/ou o pai. Chamamos de Outro primordial aquele a quem o bebê se reporta por ser alguém que se ocupa dele de modo objetivo e subjetivo.

O que é a plasticidade cerebral?

Em todo bebê, sabemos que a plasticidade cerebral responde pelo fato de que os dois hemisférios cerebrais (esquerdo e direito) só se especializarão entre os 5 e os 10 anos de idade, além do fato de que o córtex cerebral não possui todas as conexões sensoriais realizadas. É mesmo por isso que determinadas funções, tais como raciocínio matemático, tato, pensamento lógico, visão, fala, etc. não estão desenvolvidos. Ainda bem, pois no que diz respeito às funções cerebrais, se tudo já nascesse pronto para ser acionado, certos bebês que nascem ou sofrem determinadas lesões não poderiam recuperar-se de modo algum. No entanto, dependendo do dano sofrido, elas podem recuperar-se parcial ou plenamente. Nos adultos, na maioria das vezes as seqüelas são mais graves e, quase sempre, irreversíveis. Como explicar isso?

Nos bebês, porque as conexões nervosas, ainda em formação, não estão totalmente diferenciadas, o apagamento de atividade num determinado segmento permite que ele seja compensado pela ligação neural em outro ponto da massa encefálica.

Diferentemente do que ocorre com bebês, quando um adulto sofre um AVC (Acidente Vascular Cerebral) de grande extensão e onde a citada modelagem está completa, a lesão tem poucas chances de ser compensada[3].

Vale ressaltar, porém, que a capacidade de auto-modelagem cerebral tem uma duração bastante curta: ela vai do nascimento até os primeiros anos de vida, na dependência da função cerebral em questão. No que diz respeito ao sentido da fala, a modelagem cerebral encerra-se por volta dos dez anos. Já a visual, costuma ser em torno dos dois anos de idade.

Sobre essa questão, entretanto, há dados curiosos: nos anos 70, dois cientistas americanos, David Hubel, da Universidade de Harvard, e Torsten Wiesel, da Universidade Rockefeller, mostraram que crianças vítimas de catarata desde o nascimento, mesmo após cirurgia de remoção da membrana aos 2 anos de idade, ficavam para sempre cegas.

O estranho foi perceber que isso ocorria uma vez que idosos acometidos de catarata recuperavam a visão após cirurgia. Desta experiência, concluíram que havia um período bastante curto para a ligação de todos os circuitos, entre a retina e a área do cérebro responsável pela visão. As chamadas "janelas cerebrais de oportunidades" não ficam eternamente abertas. Desde o nascimento, a massa encefálica acelera o nível metabólico e intensifica a atividade mental, para não perder essas oportunidades que não são eternas.

Ao nascer, o bebê é capaz de ouvir e identificar variadas nuances entre fonemas de todas as línguas. Em torno do décimo mês de existência, os sons que pode articular correspondem aos fonemas da língua materna.

Em torno do final do primeiro ano de vida, a criança já perdeu muito da sua capacidade de identificar sons distintos dos de sua língua de origem. Ela se torna quase incapaz de identificar sons diferentes da língua materna, porque os circuitos neurais vão se especializando, por exemplo, na língua portuguesa, reduzindo a capacidade da criança de identificar fonemas de outras línguas. Nesse sentido, alguns pesquisadores vão dizer que o apren-

---

[3] Células-tronco são hoje usadas em pesquisas médicas de ponta com resultados animadores no que tange à recuperação das áreas lesadas em indivíduos adultos submetidos, precocemente, a este tipo de intervenção.

dizado de uma segunda língua é possível após os 10 anos, mas sempre com sotaque, e até o terceiro ano de idade uma criança pode aprender, sem sotaque, mais de uma língua.

Os seus circuitos, o sistema límbico, responsáveis pelo controle das emoções, estão em rede bem antes do nascimento, e se completam na puberdade.

As experiências ruins são capazes de acionar a região do cérebro chamada amígdala, inundando toda a rede cerebral com substâncias químicas inibitórias. Assim, castigos severos e constantes determinam, à simples visão do agressor, que a criança reaja, ativando estes circuitos, ficando inibida.

Sabe-se que a partir do décimo ano de vida há um predomínio das funções simbólicas sobre as motoras. Vamos ver que esse período coincide com a saída da latência (que vem após a finalização do Complexo de Édipo) e início da puberdade, quando as funções sexuais predominam sobre as demais, orientando todas as manifestações da criança. Sem desenvolvermos o estudo sobre a saída da infância e a entrada na adolescência, podemos adiantar que, nos primeiros anos de existência de uma criança, sobretudo até o final do segundo ano de vida, determinados acontecimentos são como um divisor de águas permitindo a entrada do bebê no campo discursivo.

Este livro foi organizado considerando-se a necessidade de transmitir o que foi possível recolher de dois anos de experiência nas UTI e UI neonatais do Hospital Universitário Antônio Pedro, da Universidade Federal Fluminense, a partir dos estudos teóricos em medicina neonatal e psicanálise com bebês. Esperamos que ele seja útil para todos os que se ocupam destes sujeitos, antes de sua constituição, com sintomas perceptíveis a partir de suas experiências de discurso.

A psicanálise não pretende duvidar dos achados da ciência; no entanto, ela lembra aos cientistas de que há um limite real para as explicações que pretendemos dar aos distúrbios psíquicos. Este limite é imposto pela singularidade de cada caso, no que ele tem de único quanto à história do sujeito e suas relações com o inconsciente. Isso implica em que possamos deter-nos em nosso *furor curandis*, aceitando a reconstrução que cada paciente/analisando alcança fazer, sobre a razão de sua dor de existir.

III
CORPO TEÓRICO

III.1. INTERDISCIPLINARIDADE

III.1.1 Psicanálise e Medicina

III.1.1.a. Situação dos dois campos: o nascimento da clínica

Diferentemente da medicina, a psicanálise está fundada num campo em que o homem não é seu objeto. O objeto da psicanálise é o inconsciente.

O *a priori* do campo fundado por Freud e revisitado por Lacan é o de um sujeito em sua divisão constitutiva, dividido entre o saber e a verdade, nele introduzindo uma formalização completamente inovadora.

O sujeito do *Cogito* de René Descartes, nascido no século do talento[4], verificamos que no campo de onde ele surge, no centro da diferença que este advento do sujeito promove, nenhuma referência humanista ao saber ou à verdade pode sustentá-lo; a não ser na *con-sideração* de que seu suporte dar-se-á tempos depois, no século XIX, com o advento da psicanálise e sua descoberta, o inconsciente.

---

[4] Referimo-nos ao séc. XVII, assim chamado por ser o da ciência em seu moderno nascimento.

Se Freud foi muito criticado por seus contemporâneos, sobretudo seus colegas, ele não o foi por ser menos preocupado que eles com o rigor científico e, por que não dizer, com o cientificismo de sua época; mas principalmente porque sua invenção veio mostrar a impossibilidade de se pensar uma ciência do homem, uma vez que o homem da ciência é miragem. Da ciência, temos apenas seu *sujeito*, e é sobre ele que a psicanálise incide.

O homem definido pela medicina é aquele que deve ter boa saúde, e quando isso não ocorre ele é destituído desta condição para ser "*o doente*" que, num certo sentido, anônimo e despossuído de sua subjetividade, não é sequer o verdadeiro objeto do discurso médico. É a doença que passa a ser estudada, para ser curada e devolver ao doente sua condição de homem.

Jean Clavreul afirma, em seu livro *A ordem médica*, que tanto o médico quanto o doente estão destituídos de sua condição subjetiva, já que é a instituição médica – onde vigora o discurso médico – e a doença, que irão prevalecer. "A ordem médica é da alçada da ciência, mas ela é sobretudo uma ordem jurídica. A prescrição médica se mostra, no campo da medicina, como o equivalente à sanção legal no campo jurídico – no próprio seio do discurso médico fala-se de sanção terapêutica."[5]

Podemos, então, dizer que o discurso médico aproxima-se do Discurso do Mestre, mas pelo viés de um apagamento da subjetividade do médico, estando ele concernido a uma prática regrada, *a priori*, pela *conduta médica*; por sua vez, esta determina o estilo das observações de prontuário, tanto no que diz respeito às prescrições medicamentosas quanto à evolução clínica do caso.

A psicanálise coloca-se numa posição distinta na medida em que seu discurso é exatamente o avesso do discurso médico. Se a medicina vigora na ciência, onde o objeto produzido funda a realidade médica, a psicanálise insiste na *pouca realidade*, para sermos mais exatos, na realidade enquanto inconsciente.

---

5 CLAVREUL, J. *A ordem médica*. São Paulo: Brasiliense, 1983, p. 13.

Nesse sentido, falar de clínica, seja ela médica ou psicanalítica, implica em priorizar cada caso como sendo único, procurando deixar de lado todo o saber previamente adquirido. Para a psicanálise, é preciso a qualquer clínico estar pronto à surpresa, relativizando e questionando o que recebeu em sua formação teórica para deixar-se ensinar pelo que se apresenta como novo. Este espírito de pesquisador poderá guiá-lo na boa condução de seus procedimentos, suas intervenções, sejam elas de cunho médico ou psicanalítico. A clínica, diz-nos François Ansermet, "é a um só tempo a prática de um saber e uma via de pesquisa que contribui para estabelecer um saber a partir de uma prática."[6]

A psicanálise privilegia o sujeito, este que a princípio não sabe de si, e que necessita de um olhar que possa ouvir de onde ele fala, dizendo a verdade do seu sintoma. Onde a medicina incide sobre o corpo como objeto capaz de ser capturado por um olhar, muitas vezes invasivo, a psicanálise pretende uma clínica do sujeito (do inconsciente) apreendido pela escuta.

Essas distinções são fundamentais porque balizam as diferenças de abordagem clínica dos dois campos em questão.

> Da medicina à psicanálise, o clínico passa do olho para o ouvido. Muda-se de sistema sensorial. Enquanto a medicina se baseia na imagem, a psicanálise aposta na fala. Ela se orienta pelo que o sujeito enuncia. A construção dos conhecimentos se faz pela via da interpretação seguindo o fio do sentido, convocando o clínico para uma relação que o implica de maneira muito diferente da distância necessária à observação médica.[7]

A psicanálise introduz um novo estatuto ao olhar na medida em que o privilegia, e não ao olho que olha e supõe esgotar o objeto em sua descrição. O próprio olhar não recusa deixar-se fazer objeto. Esquize do olho e do olhar que introduz no campo investigativo o objeto invisível da pulsão escópica que, juntamente com o objeto, também invisível, da pulsão invocante (a voz), produz o enquadre que permite designar o sujeito em questão, levando aquele que fala de seu mal-estar a reconhecê-lo em suas palavras.

---

6 ANSERMET, F. *Clínica da origem.* Rio de Janeiro: Contra Capa, 2003, p. 7.

7 Idem, p. 9.

Na direção do tratamento analítico, serão as palavras do analisando que orientarão o psicanalista em suas intervenções, escandindo a fala até que o analisando possa dar-se conta da verdade do inconsciente a partir das descontinuidades em seu discurso consciente.

O médico privilegia, na fala, o que ele não pode ver diante do corpo em sofrimento. A fala é como uma bússola, embora não muito precisa, já que é necessário valer-se de exames complementares para fechar certo diagnóstico.

A partir dessas diferenças é possível estabelecer um ponto comum às duas clínicas: trata-se de saber o que se passa com a doença, e não com o doente. Deve-se pesquisar, não apenas a partir dos sintomas clínicos, mas tomar a clínica no próprio discurso daquele que enuncia seu sintoma, como o sofrimento da dor de existir.

A psicanálise não duvida dos achados da ciência, mas inclui nela a ciência do inconsciente enquanto uma prática do real. Este é o estatuto número um da clínica, limite ético imposto pela singularidade de cada caso no que de única tem a história de cada sujeito, suas relações com o inconsciente e seu corpo, tomados a partir deste lugar.

Só os esforços terapêuticos não dissiparão os sintomas. É preciso reconhecer a escuta clínica como indissociável da transferência, processo necessário entre aquele que diz e o outro que ouve.

Cabe pergunta sobre o lugar do psicanalista junto à medicina: como dar lugar ao desejo na escuta clínica, ligando o sujeito de direito ao sujeito do inconsciente e este ao sujeito da sua história? Como considerar eticamente o direito à vida, bem como o direito de morrer dignamente? Como respeitar e preservar o direito de se saber um diagnóstico, de avaliar os riscos de um procedimento sem que sua importância para um prognóstico seja apenas o sucesso científico: como considerar a qualidade de vida do doente? Enfim, como seguir o que um dia jurou-se cumprir como médico e, ao mesmo tempo, manter a prerrogativa do doente de ter a liberdade de participar ativamente das decisões que dizem respeito ao sucesso ou fracasso de uma certa conduta? Eis algumas questões para as quais um psicanalista deve estar atento, e disponível para discuti-las com os seus colegas e seus pacientes.

A psicanálise considera o campo da fala e da linguagem (inclusive o que se convencionou chamar de linguagem corporal) como sendo o lugar de *mostração* do desconhecido do desejo. Ela aprendeu de sua práxis que a função do desejo está para além do que aparece no que se diz conscientemente. O inconsciente se mostra através da fala, ele é a prova de que o desejo não se confunde com as demandas. Porque há inconsciente, há desejo! O inconsciente estruturado como uma linguagem permite vislumbrar algo que em sua estrutura e seus efeitos ultrapassa as vontades conscientes, incidindo como marca do sujeito. Trata-se da clínica do real na dialética possível entre o psicanalista e o médico. Ao tratarmos nossos pacientes não podemos esquecer que o corpo abordado é mais do que o visível. Ele inclui o corpo de linguagem marcado, simbolicamente, pelos significantes que compõem não apenas a história da doença, mas sobretudo a história do doente.

Assim, vários psicanalistas que trabalham na interseção dos campos psicanalítico e médico têm a preocupação de fazer valer, na relação médico-paciente, os princípios clínicos que preservam a dimensão do doente, no lugar da visibilidade da doença. Deste modo, a humanização dos centros de atendimento constitui um valor indissociável das técnicas avançadas no campo científico propriamente dito.

Dentre estes psicanalistas, citamos Jenny Aubry:

> (...) esse corpo não é simplesmente caracterizado pela dimensão da extensão: um corpo é algo que é feito para gozar, gozar de si mesmo (...) a ciência não é incapaz de saber o que ela pode, mas ela, não mais que o sujeito que ela engendra, não pode saber o que ela quer. Pelo menos o que ela quer surge de um avanço cuja marcha acelerada, nos dias de hoje, nos permite perceber que ela ultrapassa suas próprias previsões [8].

---

[8] AUBRY, J. *Psicanálise de crianças separadas.* Rio de Janeiro: Companhia de Freud, 2004, p. 256.

III.1.1.b. Medicina fetal e prematuridade

A medicina fetal começou a organizar-se por volta dos anos 60, dentro do contexto pertinente ao estudo da hidropsia fetal, imune com sua fisiopatologia determinada e as manobras terapêuticas intra-útero.

Por volta da década de 1970, iniciaram-se as pesquisas interdisciplinares envolvendo diagnóstico e prevenção de doenças intra-útero e perinatais. O nascimento da noção de humanização dos cuidados nas UTI's neonatais situa-se na concepção de pediatras que sinalizavam a "necessidade de conciliar o seguimento neurológico do recém-nascido com os aspectos afetivos e emocionais tanto do paciente como de sua família, o que teria impacto considerável na vida futura do recém-nascido."[9]

Foi na primeira maternidade européia, em Paris, que os pioneiros da medicina neonatal iniciaram os procedimentos de atendimento a recém-nascidos, em especial os prematuros. As primeiras incubadoras foram criadas no séc. XIX e, a partir de 1902, os cuidados que incluíam aquecimento e alimentação substitutiva para o bebê foram sendo aprimorados. Só nas décadas de 70 e 80, ainda na França, nos EUA e na Inglaterra, alguns médicos associam pela primeira vez lesões neurológicas à prematuridade: "Seus mecanismos de constituição, o seguimento neurológico adequado, além do prognóstico esperado, tudo isso gerou uma verdadeira subespecialidade médica, a neurologia neonatal, sintetizada na obra de Volpe, *Neurologie of the new born.*" [10]

A partir disso, surgiram novas formas de abordar os bebês, considerando-se os aspectos emocionais para o bom desenvolvimento deles, a partir de um atendimento diferenciado à família e aos pequenos pacientes. Assim, foram instruídas tanto as equipes médica e de enfermagem quanto as famílias, sobretudo os pais. Novas condutas e procedimentos foram também incluídos na rotina das UTI's e UI's, no sentido de minimizar os comprometimentos de natureza neurológica e emocional.

---

[9] *A mente do bebê.* In: *Mente e cérebro.* Revista da Série Mente e cérebro, no. 1. Ediouro, Segmento-Duetto Editorial LTDA, SP, p. 84.

[10] VOLPE, J. *Neurologie of the newborn.* Sauders, 2001, 4ª edição p. 32.

Quando se descobre alguma anomalia fetal, o que toma as discussões entre equipes é o prognóstico do bebê e as condições maternas de suportá-lo, tanto física quanto psiquicamente.

Uma mãe necessita estar investida do saber que lhe confere a maternidade, isto é, precisa ter recebido seu bebê nos braços, como término da tarefa de gerá-lo. Quando isto não ocorre logo após o parto, ela toma a impossibilidade de apoderar-se de seu bebê como uma acusação, mais do que um fracasso. A recusa de ver e/ou tocar o bebê, denota muitas vezes uma dúvida a respeito de sua viabilidade efetiva. É como se a parturiente preferisse não apegar-se a um bebê que talvez não pudesse partir com ela do hospital para a vida. Haveria uma espécie de suspensão no tempo, enquanto o bebê permanecesse na UTI.

O bebê só está "vivo" para a mãe fora da incubadora e da UTI.

III.1.1.c. Os sentidos, reação intra-uterina e perinatal

Os bebês, desde o segundo trimestre da gravidez, têm seus sentidos em ação. Eles respondem quando estimulados pela pressão, temperatura, dor, tato etc. Além disso, tudo o que a mãe de um bebê faz durante a gestação o afeta de algum modo.

As papilas gustativas de um feto surgem em torno da 24ª e 28ª semanas. A olfação ocorre por estimulação do sistema olfativo principal, do sistema trigemelar e vômero-nasal. Sabemos tratar-se de sistemas que não têm o mesmo ritmo de amadurecimento. Mesmo assim, a capacidade olfativa dos recém-nascidos sugere que, na vida intra-uterina este sistema já esteja funcionando.

Quanto à audição, desde o útero há estimulação desse sentido. Primeiro, o bebê escuta os barulhos do corpo materno e ruídos externos. Em função da capacidade auditiva do feto, certos testes e perfis para reação e atividade podem ser realizados sem invasão do meio intra-uterino.

Como é possível medir as reações de um bebê ao som? A partir de mudanças no ritmo cardíaco e movimentos reflexos do feto. Sabemos que, depois da 24ª semana gestacional, o bebê já é capaz de ficar atento e de responder aos sons produzidos. Por exemplo, quando o som é muito forte, podem ser observadas respostas oculares, aumento dos batimentos cardíacos etc.

Parece, que ao nascer, o bebê é capaz de reconhecer a voz da mãe e se acalmar com ela. O mesmo ocorre se ouvir os seus batimentos cardíacos. Por outro lado, filhos de mães com mudez têm um choro distinto do apresentado pelos bebês de mães sem esta deficiência. Podem até não chorar por não terem aprendido.

Desde a 20ª semana gestacional o feto é capaz de reagir aos estímulos luminosos, já que alguma luz ultrapassa as paredes abdominais do corpo materno. Ao aproximarmos uma luz forte do abdômen de uma gestante, fazemos com que os batimentos cardíacos do feto sejam acelerados. É possível dizer que, provavelmente, o feto conhece as variações de luz do dia e da noite.

A atividade mental do feto pode ser apenas inferida. Todo o trabalho de aprendizagem inicia-se ao nascer, quando o bebê estabelece trocas com o meio que o cerca. Ele reage e condiciona-se a estímulos repetidos e repetitivos, sobretudo os sonoros.

Há um dado de observação que nos parece importante ressaltar aqui, para entendermos o que se passa quando um bebê fica muito tempo internado numa UTI. Trata-se do fenômeno da *habituação*. O que vem a ser? É algo que se origina na vida intra-uterina, mas que uma vez nascido o bebê, apresenta-se de modo mais claro. Ele corresponde à diminuição reativa ou da resposta motora quando certo estímulo torna-se repetitivo. Podemos considerá-lo uma forma de aprendizagem simples que, aos poucos, poderá quase desaparecer ao estado reacional. Em vista disso, perguntamo-nos se não poderíamos dizer que a ausência da voz e do aconchego materno com a presença sistemática do barulho dos diversos aparelhos, vozes múltiplas e procedimentos muitas vezes dolorosos, são uma das causas de uma apatia e mesmo hipotonia nos bebês em internação prolongada. Queremos dizer: interrogamo-nos a propósito da "posição congelada" dos corpos dos bebês, na medida em que as estimulações que sofrem em UTI são desconhecidas de sua experiência anterior e, o que é mais sério, sem singularizá-los e/ou incluí-los numa história particular.

O que foi possível observar é que, a despeito da eficiência inegável de toda a equipe médica e de enfermagem, os bebês de UTI são apáticos, podendo ficar muito tempo numa mesma posição. Pensamos que este comportamento denota uma atividade psíquica pouquíssimo reativa.

Em virtude do que sabemos sobre a importância dos primeiros meses após o nascimento, no que diz respeito ao estabelecimento do vínculo materno-infantil como necessário para a constituição do aparelho psíquico, podemos dizer que esses bebês internados em UTI têm sérios riscos de apresentarem ulteriormente distúrbios diversos.

Quando se trata de aprendizagem, o que se apresenta no campo da organização subjetiva é vasto e complexo.

Para Rabanéa e Tedesco, pensamento e memória estão intimamente relacionados no processo de aprendizagem, sendo *evidência clara da consciência.*

"Os primeiros filamentos da memória começam a se entrecruzar no cérebro do feto desde o terceiro trimestre de seu desenvolvimento, tornando-se capazes de guardar e conservar lembranças. Todavia, de que tipo de memória se fala aqui? De que organização psíquica?" [11]

Para tentarmos encaminhar uma resposta aceitável, isto é, para dizermos algo que não seja pura intuição empírica, vejamos o que nos diz Freud.

Em seus estudos sobre a constituição do aparelho psíquico, no *Projeto para uma psicologia científica*[12], de 1895, Freud afirmou que a construção de dois juízos, o juízo de atribuição e o juízo de existência, respectivamente, apresentam uma importância estrutural para a ligação do bebê com o entorno; o conseqüente resultado é a instalação do lugar do inconsciente, muito precocemente (mesmo que a estruturação deste só se dê tempos depois, isto é, na dependência de certas condições específicas).

Uma das experiências mais primitivas em um bebê - que porta a marca de seu assentimento ao campo da fala e da linguagem - é a experiência do grito. Trata-se de uma via de descarga bastante primitiva, mas eficaz, visando

---

[11] ZUGAIB, M. *Medicina fetal.* São Paulo: Atheneu, 1977, p. 638.

[12] FREUD, S. *Projeto para uma psicologia científica.* In: *Obras Completas.* Rio de Janeiro: Imago, 1977, p. 422.

estabelecer um contato direto com aquele que assiste ao bebê, e a quem ele não é, de modo algum, alheio.

Se ao nascer o ser humano não tem memória da experiência intrauterina, e se é verdade que ele havia registrado de algum modo as variações sofridas por aquela que o abrigava, então a tese freudiana dos traços mnêmicos está correta.

O bebê não nasce nem como tábula rasa, nem geneticamente prédeterminado. Talvez possamos sustentar a hipótese de que o aparelho psíquico não inicia seu funcionamento somente após o parto, ainda que a pesquuisa sobre esta possibilidade seja muito limitada em virtude de todo bebê nascer prematuro, sob o aspecto psíquico. É nessa direção que podemos pensar porque gestantes depressivas, com melancolia grave, psicóticas etc., produzem graves distúrbios psíquicos em seus bebês.

> Os dados ora disponíveis sugerem, de acordo com Verny, que o feto é capaz de experimentar sentimentos de caráter fisiológico, tais como o temor e a ansiedade, desencadeados pela liberação de catecolaminas no sangue materno (...) segundo Wilheim, são capazes de expressar seus sentimentos de agrado e desagrado, a partir de seus comportamentos, movimentando-se (...) existem sorrisos que acompanham a fase REM do sono dos fetos, e estes primeiros sorrisos podem estar expressando um estado emocional prazeroso.[13]

Assim, como o feto, o bebê ao nascer reage de diversos modos aos estímulos internos e externos.

III.1.1.d. Experiência de satisfação

Segundo Freud, o bebê apresenta reações a estímulos internos intermitentes, que cessam apenas com a mudança produzida no exterior. Por exemplo, o

[13] ZUGAIB, M. *Medicina fetal.* São Paulo: Atheneu, 1997, p. 638.

fornecimento de alimento, o aconchego, o aumento de calor ou frio. Ele precisa, para responder a estes estímulos internos, de uma ação específica que não se dá sem a intervenção de uma assistência externa.

Assim, se a criança grita e recebe imediatamente uma resposta, ou se, ao contrário, nada lhe é oferecido como reconhecimento para seu desamparo, estamos frente às reações que poderão vir a constituir o laço mãe-bebê, ou acarretar a impossibilidade disto ocorrer.

> Quando a pessoa prestativa efetuou o trabalho da ação específica no mundo externo para o desamparado, este último se encontra numa posição, por meio de dispositivos reflexos, de cumprir imediatamente no interior de seu corpo a atividade necessária para eliminar o estímulo endógeno. A totalidade desse processo representa, então, uma *experiência de satisfação*, que tem as conseqüências mais decisivas para o desenvolvimento das funções individuais.[14]

III.1.1.e. Outras influências maternas na constituição do aparelho psíquico do bebê

Hoje sabemos que não só mudanças no psiquismo da gestante alteram o comportamento do feto. O uso de álcool, nicotina e outras drogas, alterações hormonais diversas, pensamentos destrutivos ou positivos da mãe, enfim, tudo o que se passa com esta é, de algum modo, transmitido para o bebê antes de nascer. Após o parto, esses traços da experiência ulterior são re-significados na relação mãe-bebê.

Se é verdade que o tornar-se mãe depende da interação mãe-filho estabelecida no pós-parto, então, a separação ocasionada pela prematuridade de um bebê internado numa UTI, certamente é determinante de algumas apresentações sintomáticas ulteriores, tanto nos bebês quanto em suas mães. A idéia do alojamento conjunto é excelente, pois torna a mãe competente

[14] FREUD, S. *Projeto para uma psicologia científica*. In: *Obras Completas*, Rio de Janeiro: Imago, 1977, p. 422.

no desempenho de sua função, na medida em que aprende rapidamente a distinguir no choro de seu bebê, suas necessidades específicas.

A construção do corpo do bebê, que ocorre ainda durante a gravidez, é completada no pós-parto, com a acomodação entre o bebê imaginado e o bebê real. Logo após o parto, a mãe começa a estabelecer um profundo vínculo com seu bebê. De fato, esse período é favorável ao estreitamento dos laços simbólicos imaginários já estabelecidos durante a gravidez.

Segundo o psiquiatra infantil inglês John Bowby, o bebê é dotado, de modo inato, de condições para manter sua relação com o adulto seguindo seu olhar e voz, agarrando-se a ele, sugando, chorando. Ele nomeou estes componentes de "indutores de apego".[15]

Este tipo de resposta a estímulos funciona como característica fundamental do desenvolvimento cognitivo da criança. Assim, qualquer separação prolongada do bebê em relação aos pais, sobretudo à mãe, determina uma profunda perturbação no vínculo afetivo entre eles, às vezes, irreversível.

O fato de uma mãe segurar seu bebê imediatamente após o parto, e com ele manter-se em contato constante, é determinante para o tipo de relação ulterior da mãe com a criança. W. D. Keller e sua equipe demonstraram que este tipo de proximidade com o bebê faz também com que os pais, não só as mães, possam estreitar os laços com seus filhos. [16]

Esses pesquisadores perceberam que os pais que tinham um contato mais efetivo com seu rebento estavam mais atentos às suas vocalizações, além de desenvolverem uma melhor auto-estima diante de situações críticas, podendo agir de modo mais rápido e eficaz para solucionar eventuais problemas surgidos.

Na revista *Pediatrics*, S. O'Connor[17] e colegas publicaram uma pesquisa, na qual evidenciam os benefícios da manutenção precoce do contato dos pais com seus bebês prematuros. Verificaram que os bebês se recuperam mais rápido quando em contato permanente com seus pais.

---

[15] *A mente do bebê.* In: *Mente e cérebro.* Revista da Série Mente e cérebro, no. 1. Ediouro, Segmento-Duetto Editorial LTDA, SP, p. 78.

[16] Idem, p. 78.

[17] Idem, p. 78.

III.1.1.f.Gravidez gemelar

Muitos estudos de pediatras e psicanalistas vêm sendo realizados com gêmeos.

As observações mostram que ainda no estado fetal, por volta da 18ª semana de gestação, é possível notar as manifestações diferenciadas de cada bebê gemelar.

Num trabalho realizado por Piontelli, verificou-se que numa gestação de gêmeos dizigóticos a menina era mais expansiva, enquanto o menino retraía-se e enfiava a cabeça na placenta quando a irmã o procurava. Ao nascerem, a menina continuou a mostrar-se mais interessada no entorno e o garoto parecia ser mais introspectivo. O que podemos dizer destes dados de observação?

Do ponto de vista psicanalítico, só é possível dizer que é a relação após o parto dos bebês gêmeos com suas mães que, assim como com qualquer outro bebê, determinará as especificidades de seus comportamentos. Não possuímos os meios senão os simbólicos para fazer a leitura destes fenômenos e, portanto, não podemos sustentar nenhuma afirmação definitiva.

Nossa experiência em UTI mostrou que a tese do investimento singular em cada filho, sobretudo quando se trata de gemelaridade, está diretamente ligada a sinais de identificação da mãe com este ou aquele bebê. Poderíamos arriscar a dizer que as mães costumam escolher de modo privilegiado este ou aquele bebê; isso porque, na dependência do que a visão dos mesmos lhes convoca como lembrança inconsciente, seja porque o bebê é mais forte e tem, portanto, maiores chances de sobrevivência, seja porque, ao contrário, o bebê é mais frágil.

III.1.1.g. O horror da UTI

A angústia e o desamparo são uma constante no defrontamento com a prematuridade. Ninguém está preparado para enfrentar o horror da morte.

Este horror está sempre à espreita, sobretudo porque os bebês internados na UTI estão inertes na maior parte do tempo, submetidos a diversos aparelhos que os mantêm, e a procedimentos que, mesmo se dolorosos, quase não provocam reações neles.

Sabemos que a criança que sofre é a mais quieta e silenciosa. Conseqüentemente, os bebês prematuros que necessitam de cuidados especiais fazem-nos pensar na dor de existir justamente porque convocam em nós os bebês e as crianças que fomos, no desamparo do nascimento e da primeira infância.

Na UTI neonatal, a prematuridade do acontecimento de angústia é conseqüência da dimensão do real impensável, irrepresentável, insuportável, que se apresenta frente à visão do bebê em reanimação.

Em seu trabalho *Inibição, sintoma e angústia*[18], Freud chama-nos a atenção para o fato de que é necessário ao bebê alguém para colocar fim à situação de desamparo (*Hilflösichkeit*) imposta pelas urgências de vida. A entrada na linguagem só ocorrerá pelo encontro do bebê com aquele que lhe permitirá as primeiras experiências de satisfação, trilhando as marcas psíquicas iniciais.

Ora, se é assim que se apresenta a chance de entrada na linguagem para o bebê humano, podemos dizer que a impossibilidade de estabelecer esse vínculo com o outro semelhante determina a permanência num estado de desamparo psíquico, que é da ordem do horror. Com o passar do tempo, diminuem as possibilidades de estabelecimento das conexões neuronais, assim como da tensão de necessidade necessária ao "re-percurso", das marcas das primeiras experiências de satisfação para produzir uma alucinação de um objeto de satisfação, com todas as conseqüências negativas que daí advêm na produção de um aparelho psíquico.

Na prematuridade, há uma suspensão do trabalho de elaboração simbólica, necessário para se ultrapassar o real do parto, uma vez que o bebê prematuro vê-se privado da experiência de satisfação que implica no jogo de alternância de presença e ausência com o outro semelhante. Na UTI neonatal, há uma continuidade do puro desamparo psíquico, já que os

---

[18] FREUD, S. *Inibição, sintoma e angústia.* In: *Obras Completas.* Rio de Janeiro: Imago, 1977, vol. XX, p. 120.

cuidados oferecidos, embora eficientes, visam exclusivamente o bem-estar e a preservação físicos.

III.1.1.h. Uma clínica do sujeito do inconsciente

Hoje, o fato de sabermos que um feto ou um bebê recém-nascido é capaz de reagir a estímulos, não significa que ele está pronto para a entrada na linguagem. O que sustenta o vir a ser de um sujeito é a dimensão do Outro, universo simbólico que não se resume ao meio ambiente no qual vive o bebê. Ele é mais que isso, já que age antes mesmo do nascimento. Como diz Lacan, a criança entra no campo da fala muito antes de falar. A fala emitida transforma o sujeito e aquele que é seu receptor. Ela estabelece um laço permanente, possibilitando que o processo de desenvolvimento da criança seja lógico, não se resumindo à maturação biológica nem à historicidade de fatos.

> (...) a experiência traumática da prematuração e dos cuidados que estão ligados a ela levam inevitavelmente a uma preocupação com o paradigma do tempo do desenvolvimento e com a questão da inscrição desses acontecimentos perinatais no corpo, em uma memória que não pode ser evocada. O sujeito, desde sua entrada no mundo, é marcado pelo desacerto temporal. A criança nasce inacabada. Ela é marcada por um atraso em sua maturação biológica.[19]

Se todo bebê porta uma prematuridade, é preciso dizer que esta é a razão do homem ir além do plano biológico, pois ele experimenta, no corte ultrapassado no nascimento e no desmame, o descompasso entre o campo das necessidades e o campo das demandas na relação com o Outro, onde se instaura o lugar para uma subjetividade.

A constituição do sujeito foge ao funcionamento do organismo, muito embora inclua o real do corpo. A entrada do sujeito no real só é possível pela

[19] ANSERMET, F. *Clínica da origem.* Rio de Janeiro: Contra Capa, 2003, p. 62.

constituição de uma rede de demandas, em que o sujeito se deixa capturar, para encontrar aí o desejo que o precede. A passagem do ser vivo a sujeito é operada pela linguagem que se adere ao organismo.

"A fala, enfim, é uma espécie de parasita, uma forma de vida que se nutre de outra (...) submetida às leis da linguagem, a fala oferece o estribo que permite ao sujeito entrar na dimensão do desejo e da demanda."[20]

III.1.1.i. A interdisciplina possível

O objetivo deste texto é oferecer respostas, por modestas que sejam, a duas perguntas:

De que modo a Psicanálise pode ajudar a Medicina?

De que modo a Medicina pode ajudar a Psicanálise?

O simples enunciado das perguntas pressupõe que a Psicanálise não faz parte da Medicina – afirmativa que subscrevemos –, embora aquela freqüentemente se sirva desta para recrutar seus membros.

Freud foi o primeiro a dizer que todo médico pratica a psicoterapia continuamente, mesmo quando não tem a intenção de fazê-lo.[21] Nos múltiplos contatos com o paciente, e por meio dos diversos canais de comunicação que se estabelecem, constituindo a chamada relação médico-paciente, o médico também "trata" ou, na pior das hipóteses, de(i)strata a mente de seu paciente. Creio que nós médicos não fomos suficientemente alertados a esse respeito.

Eis, portanto, uma primeira área de contribuição que a Psicanálise pode dar à Medicina: ajudar-nos a compreender que, além das questões orgânicas positivistas que tanto nos ocupam, a relação que mantemos com nossos pacientes é fundamental ao sucesso da assistência médica. O médico ciente dessa *oportunidade* está mais atento ao que diz a seus pacientes, ao modo como se comunica com eles e sobretudo ao processo valioso, porém desprezado, de ouvir o que os pacientes têm a dizer.

A despeito do jargão hermético, peculiar às duas áreas de conhecimento, a Psicanálise poderia mostrar à Medicina que os mecanismos de

---

[20] ANSERMET, 2003, p. 65.

[21] MELLO FILHO J. *Concepção psicossomática: visão atual.* 3ª edição, Rio de Janeiro: Tempo Brasileiro, 1983, p. 84.

transferência e contratransferência também atuam na relação médico-paciente e interferem nos resultados da assistência médica de modo benéfico ou prejudicial, segundo a habilidade do profissional médico.

Reconheço que a tarefa não é fácil. A Medicina ainda parece mesmerizada pelos novos horizontes descortinados com a radiologia, genética e biologia molecular. Enquanto avança celeremente rumo aos detalhes celulares e subcelulares das doenças, a prática médica permanece alienada do inconsciente e dos aspectos psíquicos dos pacientes.

Existe uma área adicional na qual vemos grande potencial de evolução da Medicina através da Psicanálise – o Ato Terapêutico. Como *ato terapêutico* entendo um gesto, uma frase, ou uma medida, em suma, uma intervenção na relação médico-paciente, a qual resulta em benefício clínico para o paciente. Descrevemos a seguir dois exemplos clínicos para caracterizá-lo.

Exemplo 1: menina de 9 anos de idade é internada com vômitos e desequilíbrio. Durante a primeira semana, seu médico estabelece boa relação com a jovem paciente: conversa sobre seus familiares, sua escola e seus medos. Os exames comprovam que ela tem um tumor cerebral. O diagnóstico é apresentado à mãe e a cirurgia de excisão do tumor é realizada na terceira semana de internação. A cirurgia foi bem-sucedida, mas no segundo dia de pós-operatório, a paciente começa a ter alucinações visuais e auditivas. Sua expressão é de ansiedade e angústia, e sua fala, incoerente. O médico providencia para que o irmão caçula da paciente (ela era a sexta de sete filhos) a visite no hospital. Como o irmão tem apenas cinco anos de idade, o médico precisa obter autorização especial para que a visita ocorra. Logo após a visita do irmão caçula, a paciente demonstra nítida melhora, e no dia seguinte as alucinações desaparecem. A paciente recebe alta hospitalar recuperada e imensamente grata pela assistência recebida.

Exemplo 2: adolescente de 13 anos é internada com sintomas neurológicos sugestivos de crises epilépticas. A paciente é refratária aos enfermeiros e conversa pouquíssimo. O médico descobre que os pais, separados há dois anos, têm brigas freqüentes, e que estas haviam se acirrado recentemente. Ambos alegam que cuidar da filha é muito trabalhoso, e que o outro genitor deveria colaborar mais. Quando um dos pais decidiu levar o assunto à Justiça, os sintomas da adolescente começaram. A investigação médica mostra que a paciente não tem crises epilépticas e que seus sintomas provavelmente são psiquiátricos. Como a paciente continua internada na véspera do Natal, o médico decide inovar: dá-lhe um pequeno presente. No dia seguinte, ela está tão melhor que outro médico pergunta ao assistente qual remédio novo fora introduzido. A paciente recebe alta livre de sintomas e é encaminhada ao ambulatório de psiquiatria.

Em avaliação, o ato terapêutico do exemplo 1 está na providência do médico para que o irmão caçula visitasse a paciente, e no exemplo 2, o gesto incomum de presentear a paciente. Creio que tais atos repercutiram beneficamente na sintomatologia das pacientes porque foram de encontro a algo importante na mente de cada indivíduo – alguma necessidade, conflito etc. O médico atento aos aspectos psíquicos do paciente é capaz de intuir quais atos se tornarão terapêuticos. A colaboração da Psicanálise, neste contexto, pode ser focada no sentido de mostrar aos médicos como e quando *prescrever* atos terapêuticos.

No que diz respeito à segunda pergunta, considero fúteis as tentativas da Neurociência de correlacionar o inconsciente com determinada região anatômica.[22] Vejo o inconsciente como uma estrutura virtual, essencialmente abstrata e decorrente da função do cérebro como um todo. Isso não invalida o argumento de que todo comportamento tem uma correlação anatômica[23], antes ressalta, para os médicos, que inconsciente, comportamento e emoção não são sinônimos. Nós, médicos, temos muito a aprender em terminologia sobre a mente de nossos pacientes.

A Neurociência, entretanto, pode contribuir para a Psicanálise decifrando a influência da estrutura na função, ou seja, definindo quais distúrbios do comportamento têm origem orgânica. Um exemplo é o do paciente que nega a presença de fraqueza flagrante no lado esquerdo do corpo. Embora alguém desavisado possa se sentir tentado a interpretar a negação do paciente e até suspeitar de histeria, a explicação médica é satisfatória e completa: a

[22] SACLZONE, F. *Notes for a dialogue between psychoanalysis and neuroscience.* Int. J. Psychoanal. 2005, p. 1405-23.

[23] GESCH WIND – *N. The borderland of neurdogy and psychiatry: some common mis conceptions.* De vinsky O, Schachver SC. Boston: Butterworth – Heinemann, 1997, p. 514.

fraqueza e a negação ou *negligência* do sintoma estão associadas a infarto agudo no lobo parietal não-dominante.[24]

Com relação aos distúrbios do comportamento, boa parte da Medicina favorece o conceito que os considera de origem genética. Exageros à parte, será interessante mapear precisamente a correlação genes-comportamento. Em minha opinião, a dicotomia natureza x criação (*nature* x *nurture*) permanece insolúvel, e exigirá a colaboração estreita entre médicos e psicanalistas.

Vemos que, na interface das duas áreas de conhecimento, o seu avesso, ou seja, os obstáculos à construção de conexões amplas e prolíficas entre a Psicanálise e a Medicina:

– em primeiro lugar, o jargão hermético, críptico da Psicanálise – seria altamente recomendável que os psicanalistas desenvolvessem a habilidade de expor seus conceitos e explicações em linguagem corrente para aqueles que desconhecem a teoria psicanalítica, abrindo mão momentaneamente de neologismos e termos usuais com acepções ocultas;

– o absolutismo de cada ciência e de seus praticantes – ou seja, a visão sectária de que as outras áreas de conhecimento são desprovidas de verdade;

– a ilusão de que a Medicina não precisa da Psicanálise e vice-versa – dada a existência da Psicanálise há mais de 100 anos, considero muito escassos os atuais esforços de atuação conjunta em hospitais, consultórios, conferências e trabalhos científicos.

Mas, não lhes parece simbólico e significativo que o criador da Psicanálise fosse um médico?

III.1.2 Psicanálise e Psicolingüística: a aquisição da linguagem verbal e a constituição do sujeito do inconsciente

É sempre surpreendente para um adulto acompanhar o crescimento de um bebê e perceber que, entre o nascimento e a idade de quatro anos, aproxi-

---

[24] DAMASIO AR. *Gesch wind N. Anatomical localization in clinical neuropsychology.* Devinsky O, Schachte SC. Boston: Butterworth – Heinemann, 1997, p. 566.

madamente, esse bebê transforma os sons aparentemente desconexos que emitia em linguagem articulada, começando, assim, a fazer uso da língua de sua comunidade de fala, ou seja, a língua à qual está exposto. É igualmente surpreendente perceber como os adultos interagem com os bebês, projetando sentimentos, desejos, endereçando perguntas, esperando e dando respostas imaginárias sem nenhuma intenção manifesta de ensinar a linguagem verbal. Nesses diálogos imaginários, algo para além da própria linguagem articulada é transmitido, permitindo a constituição do aparelho psíquico, inserindo esse bebê no mundo da língua materna, ao mesmo tempo em que permite a estruturação do inconsciente.

Um bebê encontra-se simultaneamente exposto a uma língua e investido, a partir dessa mesma língua falada por aqueles que interagem com ele, de subjetividade. Subjetividade aqui compreendida como o que resulta da entrada do bebê no campo da lei do homem enquanto lei da linguagem, permitindo que esse bebê, como ser falante, possa vir a dizer "eu". Isto ocorrendo, projeta-se imaginariamente um mito individual, encenando uma história que o posiciona diante do enigma: deparar-se com capítulos que parecem faltar na elaboração da continuidade dessa história. Como diz Jacques Lacan, comentando essa tão íntima e tão estranha relação do homem com a linguagem:

> Eu me identifico na linguagem, mas somente ao me perder nela como objeto. O que se realiza em minha história não é o passado simples daquilo que foi, uma vez que ele já não é, nem tampouco o perfeito composto do que tem sido naquilo que sou, mas o futuro anterior do que terei sido para aquilo em que me estou transformando.[25]

Para o ponto de vista da psicanálise, a entrada no campo da linguagem opera uma divisão subjetiva no aparelho psíquico, divisão essa que se marca na própria fala enquanto materialização da linguagem: ao falarmos, dizemos mais do que supomos dizer, pois na fala se inscreve um saber inconsciente.

---

[25] LACAN, J. *Função e campo da fala e da linguagem.* In: *Escritos.* Rio de Janeiro: Jorge Zahar Editor, 1998, p. 301.

Diante desse fato — bebês humanos adquirem a linguagem verbal articulada e nesse processo constitui-se também o sujeito do inconsciente — pelo menos uma pergunta se impõe: como isso se realiza?

O que pretendemos nesse capítulo é apresentar alguns aspectos da abordagem da Psicolingüística e a da Psicanálise sobre a aquisição da linguagem e a relação entre subjetividade e constituição do sujeito do inconsciente. Vamos privilegiar as noções de língua materna e de comunicação, cujos sentidos se modificam conforme estejam referidos à lingüística ou à psicanálise.

Quando se discute o processo de aquisição da linguagem no campo da Lingüística, mais especificamente no campo da Psicolingüística, uma constatação é consensual: as crianças aprendem a falar sem que haja nenhum tipo de treinamento específico para tal processo. Todas falam mais ou menos com a mesma idade, embora algumas sejam mais rápidas do que outras. Embora seja conceitualmente complicado determinar um momento preciso em que uma criança começa a fazer uso da linguagem verbal articulada, embora seja igualmente complexo descrever as mudanças e o ritmo do desenvolvimento lingüístico, é consenso que esse processo e esse progresso na aquisição da linguagem não têm relação nem com classe social, nem com grau de inteligência.

A Psicolingüística, como campo disciplinar, surge a partir da iniciativa de um grupo de psicólogos e lingüistas reunidos durante o *Summer Seminar* realizado pelo *Social Science Research Council*, na Universidade de Indiana (EUA), em 1954. Esse grupo inicial de pesquisadores define a Psicolingüística como um ramo ou uma subdisciplina da psicologia, mais especificamente, da psicologia da aprendizagem.

Há diferentes posições teóricas na Lingüística e na Psicolingüística que buscam explicar como se realiza o processo que levará uma criança, entre seu nascimento e a idade de quatro anos, a adquirir e a ser capaz de usar uma língua, sua língua materna. A aquisição do sistema fonológico, por exemplo, envolve o aprendizado das diferenças entre os fonemas e, também, as distinções pertinentes aos sistemas da entoação, da acentuação, da estrutura silábica. Seria possível determinar quais os elementos da estrutura fonológica que a criança apreende primeiro? O psicolingüista quer saber se todas as crianças passam pelas mesmas etapas no processo de aquisição de línguas tão diferentes entre si como o português, o *poyanawa* (uma língua indígena) e o chinês, por exemplo, cujas estruturas fonológicas e morfo-sintáticas apresentam praticamente nenhum ponto de contato.

Ao enveredarem por esse campo de investigação, os psicolingüistas, conforme o campo teórico do qual enunciam, formulam outras questões: qual a relação entre aquisição da linguagem e maturidade cerebral? Qual a relação entre desenvolvimento lingüístico e desenvolvimento cognitivo? Qual a importância da interação no processo de aquisição? Como crianças entre 3 e 5 anos argumentam e organizam histórias? Qual a relevância do estudo dos erros[26] tanto em termos de aquisição de regras gerais da estrutura lingüística quanto em relação ao que há de especificidade, singularidade e subjetividade na fala de uma criança?

Trabalhando com um instrumental particular, esse campo da investigação lingüística procura ir além de uma mera aplicação de teorias, pois compreende que é a partir da fala da criança que se pode interrogar o próprio sistema lingüístico e as próprias teorias.

O conceito de língua não é uniforme no campo da ciência da linguagem. O modo como os lingüistas definem seu objeto de estudo, as línguas humanas, está vinculado, em parte, aos objetivos dos diferentes posicionamentos teóricos e, em parte, às relações que a Lingüística estabelece com outros campos do saber. Para alguns estudiosos, a elaboração de uma história dos estudos da linguagem humana remete para a história das distintas idéias de língua que constituíram, através dos tempos, os objetos de teorias e metodologias de análise da lógica, da gramática, da retórica, da filologia etc. É consenso, no entanto, que a Lingüística como ciência tem seu início no começo do século XX, com Ferdinand de Saussure, professor e pesquisador genebrino que deli-

[26] A estudiosa da UNICAMP Rosa A. Figueira sugere a expressão "ocorrências divergentes" para evitar a carga semântica negativa que o termo "erro" pode trazer nesses estudos que tomam a linguagem usada por crianças. A autora chama a atenção para o "caráter imprevisível do erro, sua contingência e singularidade." (Figueira, R. A. A criança na língua. Erros de gênero como marcas de subjetivação. In: Figueira, Rosa. A. et all (orgs.) *Cadernos de estudos lingüísticos* 47(1) e (2). Campinas, Unicamp, 2005, p. 29 a 49).

mitou um campo de investigação da linguagem verbal humana ao separar fala de língua, elegendo esta última como objeto da lingüística. Ao conceituar a língua como um sistema de signos, proporcionou autonomia para a elaboração de um estudo científico e abriu, nesse campo, a possibilidade de uma escrita científica lingüística, ou seja, uma escrita formal, rigorosa e específica.

A expressão 'língua materna' geralmente está associada à língua (ou línguas) que a criança adquire a partir do seu nascimento. É a língua que a constitui subjetivamente e que permite sua interação com outros falantes de uma mesma comunidade lingüística. Essa aquisição não ocorre de maneira aleatória, e nem por pura e simples imitação dos adultos, como se pensou durante muito tempo a partir dos preceitos de algumas teorias psicológicas. Análises sofisticadas e comparativas das produções vocálicas emitidas por bebês têm demonstrado que, apesar das idiossincrasias e diferenças, é possível depreender semelhanças nas sucessivas etapas do processo de aquisição do sistema lingüístico. Determinadas pesquisas mostram que as etapas iniciais de vocalizações, como o arrulho e o balbucio, e etapas subseqüentes de aquisição de complexas estruturas lingüísticas seguem um mesmo padrão para falantes de qualquer língua do mundo.

Os recém-nascidos são capazes de reconhecer e responder à voz humana, percebendo diferenças entre consoantes surdas e sonoras, por exemplo. Além disso, no que diz respeito a essas vocalizações iniciais, pesquisas comparativas entre bebês com surdez e bebês sem problemas auditivos apresentam resultados muito semelhantes em termos de desempenho, o que sugere para muitos estudiosos que os seres humanos têm uma capacidade lingüística específica para a aquisição da linguagem. Em síntese, como afirma Letícia M. Sicuro Correa, uma especialista em aquisição da linguagem e cognição:

> Toda criança é, em princípio, capaz de tomar a língua de sua comunidade como língua materna e de adquirir simultaneamente mais de uma língua. A aquisição de cada língua irá requerer a identificação de seu sistema fonológico, sua morfologia, seu léxico, o que há de peculiar em sua sintaxe e no modo como relações semânticas se estabelecem. Diante da variabilidade das línguas, a criança terá de lidar com uma série de variáveis nessa identificação. A despeito disso, o processo de aquisição da linguagem apresenta

> um padrão de desenvolvimento, em grande parte, comum aos diferentes indivíduos nas diferentes línguas, o que remete àquilo que, na linguagem, é comum à espécie humana. Cabe a uma teoria da aquisição da linguagem explicar esse fato, considerando de que modo a aquisição de uma língua específica pode elucidar o processo pelo qual a aquisição espontânea de qualquer língua humana se realiza.[27]

Tradicionalmente, as teorias psicolingüísticas sobre a aquisição da linguagem se inscrevem basicamente em dois grandes campos filosóficos distintos e controvertidos: o do empirismo e o do racionalismo. Cada um desses campos supõe de modo distinto o funcionamento da mente humana na forma como o ser humano adquire conhecimento e, conseqüentemente, cada um desses campos concebe diferentemente o modo como a linguagem é adquirida e/ou intervém no processo de conhecimento. "O termo 'conhecimento' designa tanto a coisa conhecida quanto o ato de conhecer (subjetivo) e o fato de conhecer." [28]

Para os empiristas, o conhecimento é aprendido através de muitas experiências vivenciadas, dos dados provenientes dos sentidos. Para conhecer o mundo, de acordo com os empiristas, é necessário experimentá-lo, vivenciá-lo, obter uma impressão para depois produzir comparações e extrair regras das diferentes experiências. Os empiristas admitem que, se a aquisição de conhecimento sobre o mundo resulta da experiência, as associações a serem realizadas a partir dessas experiências provêm da mente humana.

Os racionalistas, ao contrário, defendem a primazia da mente como o elemento fundamental desencadeador do processo de aquisição de conhecimento. Designa-se como mente humana "o conjunto de faculdades ou poderes racionais do homem, tais como o pensamento, a memória, a imaginação, o desejo etc." [29] Supõe-se, nesse caso, que a mente humana — entendida aqui como a faculdade do raciocínio conjugada com a capacidade

---

27 CORREA, L. M. S. *Aquisição da linguagem: uma retrospectiva dos últimos 30 anos.* In: *D.E.L.T.A.: Documentação de estudos em Lingüística teórica e aplicada.* São Paulo, v. 15, nº. especial, 2000, p. 339-385.

28 JAPIASSÚ, H.; MARCONDES, D. *Dicionário básico de filosofia.* Rio de Janeiro: Jorge Zahar Editor, 1996, p. 51.

29 JAPIASSÚ, H.; MARCONDES, D. *Op. cit.*, p. 179.

de sentir, de lembrar, de querer, sendo, portanto, distinta do cérebro — permite e é responsável pela aquisição de conhecimento, em geral, e da linguagem, em particular. Os racionalistas admitem a experiência como aquilo que deslancha a capacidade da mente em fazer deduções, por exemplo, mas esse *input* pode ser mínimo e não ter nenhuma regularidade.

Ora, essa tradicional discussão filosófica, que tem suas raízes mais remotas em Platão, vem sendo ressignificada nos campos da psicologia, da lingüística, da neurofisiologia e até mesmo da genética, provocando, muitas vezes, ambigüidades terminológicas e reducionismos favoráveis a um biologismo extremado. Atualmente, se não se mantém uma distinção estrita entre empirismo e racionalismo tal como se fazia até meados do século XX, novas pesquisas têm proposto uma direção de trabalho diferenciada ao acentuar a importância da interação adulto-bebê no processo de aquisição da linguagem. Situados por vezes em campos completamente opostos em função de distintas concepções de língua, de comunicação humana e da capacidade humana em adquirir um sistema lingüístico, psicólogos e lingüistas como B. H. Skinner, N. Chomsky, L. S. Vygostki, Piaget e C. de Lemos distribuem-se em campos teóricos que colocam em foco aspectos distintos no processo de aquisição da linguagem. Apresentaremos sinteticamente a seguir algumas dessas abordagens da psicolingüística: o behaviorismo, o inatismo, o sócio-construtivismo e o interacionismo.

A concepção empirista de aquisição da linguagem está associada a um ponto de vista particular dentro da psicologia: o behaviorismo. Entre os anos 30 e 50 do século passado, Skinner, um psicólogo behaviorista, descreve o comportamento humano em termos de associações entre determinados estímulos, respostas comportamentais resultantes desses estímulos e o reforço, positivo ou negativo, dado às respostas obtidas. Em termos análogos, considerando o comportamento lingüístico, o aprendizado da linguagem verbal teria origem em um mesmo processo. A partir de um estímulo visual, tátil ou sonoro, o bebê emite um som que o adulto supõe compreender. Esse som é repetido ou 'corrigido' pelo adulto, recebendo, portanto, um reforço positivo ou negativo. Por exemplo, ao ver um brinquedo, um bebê emite uma seqüência de sons que é significada pelo adulto como "dá" ou "qué" fazendo com que, em seguida, o adulto entregue o brinquedo ao bebê. Ao receber o brinquedo, acima de tudo a criança recebe um reforço positivo e passa a aprender, por associação, que a seqüência sonora "dá" ou "qué" deve ser utilizada para pedir brinquedos, mamadeira e outros objetos em geral. A linguagem humana, nessa concepção behaviorista, é considerada um instrumento cuja função principal é a da comunicação de informações.

Várias ressalvas podem ser feitas à proposta de Skinner em função, justamente, dessa estreita correlação entre um determinado estímulo para uma determinada resposta (lingüística ou não). Pensemos, em primeiro lugar, que os bebês ficam expostos a um verdadeiro caos sonoro, ou seja, ouvem frases entrecortadas, ditas por pessoas variadas. São frases dirigidas ao bebê ou sobre o bebê e não são necessariamente formuladas com nenhuma clara intenção de ensinar a língua materna. Por outro lado, como explicar determinados 'erros' cometidos pelas crianças? Quando uma criança diz: "Eu fazi, mamãe", seria possível afirmar que ela estaria reproduzindo alguma forma pronunciada por um adulto ou será que estaria deduzindo a produção de formas lingüísticas a partir do que ouve ao seu redor? Além disso, como é possível que uma criança seja capaz de compreender e também de produzir uma frase que nunca ouviu? Ou seja, como é possível que uma criança estabeleça um diálogo, posicionando-se como sujeito de um discurso dirigido a um outro? Se todo comportamento lingüístico depende de um estímulo e de uma resposta, ficando dessa forma preso à situação de fala em que é produzido, como é possível que uma criança produza frases compreensíveis, porém desassociadas do contexto?

Esses questionamentos provocaram uma reviravolta nos estudos sobre a aquisição da linguagem do ponto de vista do behaviorismo, e deram início a formulações de outras hipóteses, hipóteses cujo ponto de partida se situa em uma leitura particular do racionalismo, com foco na cognição.

> A chamada *revolução cognitiva* causou enorme impacto no cenário das ciências na segunda metade do século passado e na definição dos redirecionamentos da pesquisa a partir de então. Apresentou a língua como um objeto da cognição e não apenas como seu instrumento. Pôs em questão a natureza do conhecimento lingüístico (ou outras formas de conhecimento).

> Possibilitou a distinção entre o domínio cognitivo da língua e outros domínios, facilitando a caracterização de como diferentes domínios da cognição se relacionam. Facilitou uma integração entre lingüística e biologia, introduzindo a língua no campo das ciências naturais, de modo que seu estudo passa a contribuir e a ser informado por teorias da evolução das espécies [...] e permitiu a formulação de hipóteses acerca do modo de implementação neurofisiológica do processamento lingüístico, o que abre um novo espaço para o teste de hipóteses acerca da natureza dos processos mentais. [...] Este interesse tende a convergir no âmbito da lingüística para um conjunto de tendências identificadas como lingüística cognitiva e na psicologia e psicolingüística para um paradigma alternativo, no qual o estudo de processos cognitivos é conduzido a partir de modelos de simulação computacional de natureza estatística inspirados em modelos da atividade do cérebro concebidos em termos de redes neurais.[30]

A revolução cognitiva coloca em foco a presença de uma capacidade inata no processo de aquisição da linguagem. A questão, no entanto, passa a girar em torno da natureza dessa capacidade inata. De uma maneira geral e de modo sintético, são duas as tendências que discutem o inatismo. De um lado encontram-se os defensores da hipótese do inatismo lingüístico, a aquisição da linguagem vinculada a um dispositivo biológico particular e específico da espécie humana; de outro lado, situam-se os construcionistas, para quem a aquisição da linguagem é resultado da ação da cognição enquanto um mecanismo responsável também por outros modos de aprendizado.

A partir da década de 60, ganha força o racionalismo biológico do lingüista Noam Chomsky. Falar em psicolingüística a partir desse momento é situar-se em outra gama de discussões, ou seja, é colocar-se no âmbito da teoria lingüística gerativista para responder à questão da criatividade: como é possível que uma criança possa produzir e compreender frases que nunca ouviu anteriormente? Para responder tal questionamento, Chomsky irá tratar do ser humano como dotado biologicamente para adquirir lin-

---

[30] CORREA, L.M. S. *Língua e cognição: antes e depois da revolução cognitiva.* In: PFEIFFER, C. C. ; NUNES, J. H. *Linguagem, história e conhecimento.* Campinas: Pontes, 2006, p. 20.

guagem. A teoria lingüística chomskiana postula uma capacidade humana específica para a aquisição da linguagem, a chamada hipótese inatista ou inatismo lingüístico.

Foi Chomsky (1965), portanto, quem postulou a hipótese de que o ser humano já nasce dotado de uma gramática inata, ou seja, um dispositivo de aquisição da linguagem (DAL) que é formado por regras. Há um fator inato, que independe da cognição, no processo de aquisição da linguagem. Tal postulado implica a formulação de hipóteses no campo da psicologia e da (neuro-)biologia, e considerar o ser humano como geneticamente dotado com parte do conhecimento da linguagem. Esquematicamente, pode-se dizer que o bebê, ao ser exposto a uma língua natural, ativa o DAL. Ao entrar em contato com sentenças proferidas em uma dada língua, a criança seleciona, dentre as regras contidas no DAL, as pertinentes àquela língua em particular. Isso é possível porque, de acordo com a hipótese inatista, os bebês nascem com uma gramática universal, uma gramática que conteria todas as regras de todas as línguas.

O inatismo explica, dessa forma, a capacidade da criança em deduzir as regras da sua língua materna, produzindo palavras e sentenças para testá-las durante as interações verbais. Quem é que nunca ouviu uma criança dizer "cabeu" ou "eu fazi"? Vejamos: por volta dos dois anos a criança emprega 'fez' e 'fiz', mas em um período subseqüente passa a dizer 'fazi', 'fazeu' e, mais tardiamente, volta a empregar 'fez' e 'fiz'. De acordo com o inatismo, ao seguir essas etapas lingüísticas, a criança realizou uma operação altamente complexa, pois inicialmente depreendeu a forma correta, depois, ao depreender e deduzir a regra de conjugação dos verbos regulares (bebi, comi, dormi etc) generaliza e aplica a regra ao verbo "fazer", cometendo, dessa forma, um 'erro'. Erro a ser corrigido por ela mesma na etapa seguinte. Se, para o leigo, "cabeu" e "fazi é apenas motivo de gostosas risadas, para um lingüista inatista, essa forma verbal é a comprovação de sua teoria. Processos semelhantes ocorrem quando uma criança, ao ser perguntada sobre uma determinada história que havia escutado, diz enfaticamente: "Eu *odeei* a história!". O que importa é perceber o quanto as crianças participam das etapas de aquisição da linguagem a partir de operações dedutivas realizadas por elas próprias.

O construtivismo é uma outra forma de abordar a aquisição da linguagem. Nessa vertente, os psicolingüistas se voltaram para o campo da psicologia buscando aliar-se às reflexões de Piaget (cognitivismo) ou de Vygotsky (interacionismo), por um lado, e para o campo de teorias lingüísticas vinculadas à filosofia da linguagem, por outro.

As relações com Jean Piaget e sua Psicologia Genética produziram o chamado cognitivismo, um campo específico de estudos sobre as estruturas cognitivas comuns a todos os seres humanos. Pesquisar a aquisição da linguagem é uma forma de compreensão dos períodos do desenvolvimento cognitivo: sensório-motor (do nascimento até um ano e meio, aproximadamente), pré-operatório (dois até sete anos), operações concretas (dos sete até 12 anos) e operações formais. Os dois primeiros períodos são responsáveis por inúmeras funções cognitivas, dentre as quais a função simbólica, que tem início ao final do estágio sensório-motor. A linguagem funciona como representação, ou seja, ela (assim como o desenho) serve para representar a ausência do objeto. Para Piaget e seus seguidores, até os sete anos as crianças apresentam um discurso altamente centralizado, um discurso egocêntrico, caracterizado por ser uma fala na qual a criança fala consigo mesma sem se preocupar com o interlocutor. O discurso egocêntrico desaparece a partir do momento em que a criança, ao entrar para a escola, entra em um processo de socialização.

Apesar de Vygostky defender um ponto de vista semelhante ao de Piaget no que diz respeito à existência de certo paralelismo entre a aquisição da linguagem e os processos de desenvolvimento de outras operações cognitivas, sua reflexão destaca-se por acentuar a função social da fala. Assim, a partir de Vygostky, a interação social e lingüística torna-se o foco das atenções dos estudiosos. Para os interacionistas, as operações mentais passam por quatro estágios, que vão de uma fala pré-intelectual e pensamento pré-verbal a um momento em que as experiências exteriores são internalizadas. É por volta dos dois anos de idade que surge a associação entre pensamento e linguagem, proporcionando a aquisição de etapas mais ricas e complexas em termos de comportamento verbal. A fala egocêntrica, aqui, tem como função auxiliar a criança a lidar com problemas e dificuldades e tende a ser interiorizada, na forma de pensamentos, à medida que a criança vai crescendo.

Seja como for, se por um lado Piaget contribuiu para o aprofundamento de pesquisas sobre a interação entre o *infans* e o objeto de conhecimento, por outro lado, "este debate foi ultrapassado, de um lado, pelas ciências cognitivas que caminham ou para um modelo inatista de aquisição, marcado pela teoria chomskiana ou para abordagens conexionistas da aquisição."[31] Além disso, cumpre destacar que essas diversas tendências da psicolingüística não se afastam do sujeito psicológico, ou seja, da noção de um sujeito centrado e onipotente frente à linguagem que adquire.

No Brasil, os estudos da psicolingüística avançaram, sobretudo a partir dos anos 70, e tomaram como base teórica para pesquisas tanto o inatismo quanto o interacionismo e o sócio-construtivismo. Destacam-se, a partir desse período, as investigações pioneiras de Claudia Lemos, professora da Unicamp e responsável pela constituição de um importante grupo de pesquisadores. As pesquisas de Lemos partem da hipótese sociointeracionista, são centradas na relação mãe-bebê, mas promovem ao mesmo tempo um afastamento do sujeito da psicologia por privilegiarem outros aspectos nos processos dialógicos pertinentes à aquisição da linguagem.

> O sócio-interacionismo / construtivismo identifica-se com correntes antagônicas à idéia de inatismo no estudo do desenvolvimento da criança (cf. de Lemos, 1986a), embora não submeta o desenvolvimento lingüístico a um cronograma regido por um desenvolvimento cognitivo mais amplo, nem atribua uma origem pragmática para a língua. [32]

Na perspectiva de Claudia de Lemos, há um comprometimento com a oralidade e isso desloca, interroga a noção de intersubjetividade no processo dialógico mãe-bebê. O papel da mãe se destaca menos por seu propriamente dito de mãe (biológica ou não) e mais em função de ser o lugar do Outro. Lemos, assim, aproxima-se de autores que vão sinalizar a

---

[31] FIGUEIRA, R. A.; CASTRO, M. F. P. de. *Aquisição da linguagem*. In: NUNES, J. H.; PFEIFFER, C. C. (orgs.). *Linguagem, história e conhecimento*. Campinas: Pontes, 2006, p. 83.

[32] SICURO, idem, Revista da Abralin, p. 17.

importância do processo de especularidade na constituição do sujeito, um sujeito que depende do Outro para fazer sentido. Diz a pesquisadora:

> Muito antes do momento em que a criança participa efetivamente do diálogo com o adulto, esse é o processo pelo qual a mãe recorta segmentos do fluxo comportamental do bebê. É esse recorte que ganha visibilidade no espelho que a mãe atribui sentido, um sentido que ela própria necessita para fazer sentido enquanto mãe. (...) No espelho do Outro, convivem dialeticamente a fusão e a diferenciação, como Wallon fez muita questão de ressaltar. Nele é possível, através do que é percebido como semelhante, dar conta do que é, na origem do movimento, diferente. Ou, em outras palavras, subjetivar-se, objetivando-se no Outro. [33]

Se o sociointeracionismo promove deslocamentos teóricos importantes na compreensão da criança como um ser simbólico, De Lemos promove uma virada nos estudos sobre aquisição ao privilegiar "a função de captura" da criança na língua a partir do momento em que a língua preexiste à criança. Em outras palavras, os pesquisadores envolvidos no projeto de De Lemos privilegiam o fato de que a há um universo de linguagem preexistente ao surgimento da criança, um universo ao qual o bebê tem acesso a partir desse diálogo prenhe de sentidos que a mãe instaura. A criança é capturada, como afirma De Lemos, "por um funcionamento lingüístico-discursivo que não só a significa como lhe permite significar outra coisa, para além do que a significou." [34]

De Lemos, em suas teorizações, retoma e desloca conceituações saussurianas, pecheutianas e lacanianas. Ao considerar a heterogeneidade lingüística presente na fala da criança, bem como os erros e as criações produzidas nessa fala, a autora desloca a idéia de estágio ou etapas no processo

---

[33] DE LEMOS, C. T. G. . A *Sintaxe no Espelho*. In: *Cadernos de estudos lingüísticos*. p. 12-28, 1986, p. 13.

[34] DE LEMOS, C. T. G. *apud* FIGUEIRA, R. A.; CASTRO, M. F. P. de. *Aquisição da linguagem*. In: NUNES, J. H.a; PFEIFFER, C. C. (orgs.). *Linguagem, história e conhecimento*. Campinas: Pontes, 2006, p. 83.

de aquisição da linguagem, assinalando que estão em jogo, na relação à língua, posições lingüístico-discursivas diferenciadas. Ou seja, a produção lingüística da criança, compreendida em sua dimensão discursiva, aponta para três diferentes possibilidades.

> A dominância de cada um destes três pólos faz aparecer diferentes posições do sujeito: na primeira posição há dominância da fala do outro, sendo freqüentes as incorporações de fragmentos vindos desta fala; na segunda posição, há dominância da língua no seu funcionamento, emergindo toda classe de erros; na terceira posição, dominância da relação do sujeito com a sua própria fala, manifestada nas retomadas e auto-correções. A criança que se mostrara impermeável à correção, na terceira posição se mostra sensível à escuta de sua própria fala, à escuta da fala do outro e às diferenças que as caracterizam. [35]

É nesse ponto que a psicanálise tem muito a dizer para além do que afirmam os lingüistas. Para a Psicanálise, a pergunta a ser feita sobre a relação bebê-língua incide principalmente na tentativa de compreender os efeitos, em termos de constituição da subjetividade e estruturação do inconsciente, do modo como a linguagem foi transmitida para o bebê. E nesse processo, conjugam-se simultaneamente o olhar e o seio, fatores tão relevantes para a constituição subjetiva quanto a voz humana. A constituição do aparelho psíquico do sujeito está intimamente relacionada ao investimento que a mãe (biológica ou não) faz no bebê, uma aposta de que daquele bebê há de advir sujeito. Aliás, essa aposta é formulada antes mesmo de a criança nascer: a criança é falada e está inscrita no discurso da maternidade, o qual oferece ao bebê sentidos, sentidos que produzem sua entrada no mundo da linguagem e do desejo. É um discurso que conjuga voz, gestos, olhar e é nesse discurso que o bebê se inscreve, forma seu aparelho psíquico e advém como sujeito dividido entre o "eu" e o sujeito do inconsciente.

---

[35] FIGUEIRA, C., 2006. p. 89.

III.2. Pulsão

III.2.1.a. A criança da psicanálise e o psiquismo humano

O humano é o único ser vivo que não dispõe de recursos destinados à perfeita adaptação à natureza. Diferente dos animais, o seu nascimento biológico não oferece uma situação que garanta sua sobrevivência. Sua posição no mundo animal não está estabelecida por uma determinação genética. Para cada sujeito, sejam quais forem os dados de sua história, alguma coisa lhe escapa, da qual ficará separado para sempre. Houve um corte, uma distância permanece irredutível.

O bebê humano, neste sentido, é sempre um bebê prematuro frente às necessidades impostas pela sua relação com o mundo. Para sua sobrevivência ele vai depender de um semelhante que dele se ocupe, um outro humano também assujeitado a um lugar na cultura por ser um sujeito de linguagem.

A linguagem, como já foi dito, é a via de acesso à experiência da vida humana. É de acordo com a posição discursiva de cada sujeito humano - sujeito falante - que se estabelece uma forma particular de experiência. É a partir do sentido que o Outro venha a lhe oferecer, que vai se formando para ele um corpo simbólico, isto é, um sentido particular do funcionamento orgânico, do que ainda não é o seu corpo.

O nascimento de uma criança nos confronta com alguma coisa de subjetivamente inassimilável. Entra em jogo, além do casal de origem, algo da sua concepção, algo de sua história geracional. Aqui se revela a incidência de todo o investimento desejante daqueles que antecedem os pais na linhagem familiar. Todo nascimento leva o sujeito ao confronto com a sua própria origem, com a sua anterioridade, portanto com a morte, atualizando situações da sua história, ainda que inconsciente. Por isso dizemos que nesse momento, muitas mães testemunham sua relação direta com a morte através de uma série de transtornos que revelam desde uma simples fragilidade afetiva, até experiências de abandono, pânico, como na psicose puerperal.

A Psicanálise nos ensina que o psiquismo do bebê precisa ser constituído, uma vez que não é dado na natureza: o bebê não fala, como também não se reconhece no outro; estas duas operações dependem inteiramente da relação com o entorno. O traumatismo do nascimento não se resume ao parto, ele é, sobretudo, o encontro da criança com o impensável que queremos designar com a "criança real". Esta não é a criança tal como ela é, não a reduz à realidade concreta. Algo resta como enigmático. Isto que resta como desconhecido está situado aquém do sujeito, lembrando ao adulto a parte dele mesmo, à qual jamais teve e não terá acesso. Por isso, aquele que do bebê se ocupa e nele investe sua aposta de desejo, no sentido de reconhecê-lo como capaz de vir a falar, porta o instrumento suficiente para o acontecimento, que é o nascimento do sujeito no simbólico. Uma criança é, antes da concepção, a virtualidade de um futuro ser, no campo do desejo dos seus pais. Fala-se dela antes mesmo da sua concepção e, para que esta se dê, é preciso que haja, para além da simples relação sexual, a conjunção do desejo de seus pais, constituindo o campo do Outro, campo simbólico da fala e da linguagem.

Para surgir um desejo de viver no bebê, é fundamental que ele receba de sua mãe, além do aconchego, do aleitamento e dos cuidados de higiene, um lugar significante na articulação do desejo desta. É a partir do olhar estruturante deste Outro materno que se estabelecem os primeiros vínculos do bebê com o mundo externo. Na medida em que alguém se ocupa do futuro sujeito, antecipa uma leitura na manifestação da criança, utilizando-se de elementos significantes próprios, de uma sintaxe, de toda uma operação de registros que é a sua, construindo assim uma estrutura que será capturada pelo bebê, fundando a base para seu aparelho psíquico – a verdade enigmática sobre seu desejo - o inconsciente.

III.2.1.b. Pulsão: Necessidade - Demanda –

Ao dedicar um livro para descrever o funcionamento da atividade pulsional, Freud começou por estabelecer a distinção entre instinto (*instinkt*) e pulsão (*trieb*). Ao intitular este trabalho de *Pulsões e suas Vicissitudes* (1915) (*Trieb und Triebschicksale*), ele privilegiou o funcionamento, o processo de estruturação do aparelho psíquico. Assim, diferenciou a estimulação externa contra a qual o sistema nervoso podia empreender a função de fuga, defendendo o organismo da estimulação interna. A esta força constante originária interior do organismo, ele nomeou pulsão, a qual imprime uma complexidade ao modelo fisiológico, exigindo "muito mais do sistema nervoso, fazendo com que ele empreenda atividades complexas e interligadas, pelas quais o mundo externo se modifica de forma a proporcionar satisfação à fonte interna de estimulação."[36] Acima de tudo, continua Freud, a pulsão "obriga o sistema a renunciar à sua intenção ideal de afastar os estímulos, pois mantêm um fluxo incessante e inevitável de estimulação."[37] Desta forma Freud afirma que toda a pulsão é pulsão parcial, na medida em que sua finalidade não é a satisfação.

> Podemos, portanto, concluir que as pulsões, e não os estímulos externos constituem as verdadeiras forças motrizes por detrás dos progressos que conduziram o sistema nervoso, com sua capacidade ilimitada, a seu alto nível de desenvolvimento atual. Naturalmente, nada existe que nos impeça de supor que as próprias pulsões sejam, pelo menos em parte, precipitados dos efeitos da estimulação externa, que no decorrer da filogênese ocasionaram modificações na substância viva.[38]

Para marcar a função estruturante do mecanismo pulsional, sobre a constituição do aparelho psíquico, Freud diz:

> Se agora nos dedicarmos a considerar a vida mental de um ponto de vista biológico, uma pulsão nos parecerá como sendo um conceito situado na fronteira entre o mental e o somático, como o representante psíquico dos estímulos que se originam dentro do organismo e alcançam a mente, como uma medida da exigência feita à mente no sentido de trabalhar em conseqüência de sua ligação com o corpo.[39]

Quando se fala de instinto para se referir ao ser falante, trata-se das vicissitudes do que escorre do real de seu corpo. Não há nada animal, nem apenas funções biológicas para estes que dependem do significante, a ponto de podermos dizer que qualquer parte de seu corpo pode ser investida libidinalmente pelo Outro. Trata-se de um corpo significante, um corpo animado pela força constante da pulsão, que se torna sexual, ou seja, que amparado pela linguagem, torna-se um corpo desejante.

---

[36] FREUD, S. *Artigos sobre a Metapsicologia* (1915). In: *Obras Completas.* Rio de Janeiro: Imago, 1999, p.12.

[37] Idem, p. 12.

[38] Idem, p. 12.

[39] Idem, p. 12.

A partir da observação da relação dos bebês com suas mães, Freud (1895) concluiu que há um laço cuja tensão se apóia nas necessidades orgânicas, sempre dirigidas para a descarga através de um esforço que se libera pela via motora, sendo esta a primeira via que busca a alteração do estímulo interno. Entretanto, diz ele, "nenhuma destas descargas pode produzir alívio, pois a recepção do estímulo interno endógeno continua restabelecendo a tensão. O alívio só é possível através de um estímulo externo, intervindo no bebê pela ação específica, que por sua vez, pressupõe da parte deste, um entendimento."[40]

O desejo é fundante de toda a relação humana, não uma energia natural, biológica, que visa os fins da reprodução. Lacan segue a trilha deixada por Freud, mas sem traduzir "trieb" como impulso, percebeu que se tratava muito mais do que uma excitação interna do aparelho psíquico.

Há uma diferença entre o sexo anatômico, orientado para a reprodução, onde se transmite um material genético, e a sexualidade que resulta da inscrição do sexual no psiquismo. Esta última está na dependência da combinatória de significantes, onde se transmite um nome, passagem de um significante de um indivíduo a outro.

É baseado nessa oposição que Lacan introduz o conceito de pulsão. A pulsão se define em termos de combinatória de significantes; nada tem a ver com a diferença sexual anatômica. Seu principal significante sexual é o falo, que se distingue do órgão sexual masculino. Trata-se de um só significante para dois órgãos e dois sexos. Por isso o falo é chamado de significante da diferença, ou seja, do desejo. O falo designa o lugar imaginarizado pela criança.

O alimento indispensável, sobreposto ao ato de nutrir ofertado à criança, é a palavra endereçada ao bebê, supondo que além da satisfação orgânica há um ultrapassamento do biológico. A partir de seus significantes, a mãe faz imaginariamente uma escolha antecipada do que está por vir. É o narcisismo dessa mãe que vem à tona, recobrindo o bebê de atributos, arriscando-se a supor o que o filho quer dela, ser alimentado, por exemplo. *Sua Majestade o Bebê*[41], foi a expressão que Freud utilizou para designar este

---

[40] FREUD, 1999. p. 12.

[41] FREUD, S., *Sobre o narcisismo (1914),* Vol.XIV. In: *Obras Completas.* Rio de Janeiro, Imago p. 108.

lugar privilegiado de investimento. O que seria aí necessidade de alimento, toma o lugar de desejo do Outro.

Citemos o caso de uma jovem que se queixa de que seu bebê vem adoecendo com freqüência, e de que ele não aceita os alimentos que lhe oferece, vomitando repetidamente. Ele recusa aceitar o que sua mãe demanda, isto é, que se deixe alimentar. A demanda da mãe encontra o que no bebê parece querer esboçar os primórdios de uma demanda de que se lhe oferte outra coisa; justamente aquilo que lhe é recusado, pois a mãe em questão havia desmamado seu bebê precocemente, porque não suportava vê-lo ao peito.

A pulsão é o resultado da operação do significante sobre a necessidade, produzindo um resto que é reinvestido na equação do desejo com a demanda.

Inicialmente temos a necessidade, mas com a entrada do significante, a partir da demanda do Outro, a necessidade cede lugar à pulsão. Por isso esta será considerada por Lacan como o resultado do funcionamento do significante, na rede da demanda: da demanda do Outro.

Ao falar de pulsão, Lacan utilizou-se da expressão *se faire* para dizer que o sujeito precisa crer na existência de um Outro primordial, com o qual ele conta para realizar, através dele, o que não é capaz de fazer sozinho. É por isso que o neurótico necessita da demanda do Outro. Ele a utiliza para "se fazer" algo para alguém.

III.2.1.c. O Grito: a entrada no significante

Sabemos que o bebê nasce com algumas atividades motoras, inteiramente reflexas, inclusive o choro. Por outro lado, no psiquismo do Outro materno, já o aguarda, constituído, um lugar simbólico onde estas manifestações serão incluídas como demanda. Assim, o grito ou choro é tomado como manifestação de apelo de um sujeito, o agente provedor interpreta como demanda deste sujeito, respondendo com o apaziguamento. É supondo um sujeito no grito que se dá a instalação simbólica. De um lado, a descarga tensional – o grito atravessa a necessidade orgânica e é tomado como demanda –, por outro, é elevado à função de sinal, de apelo. A possibilidade do apaziguamento que se sobrepõe à necessidade permite a cessação do estímulo interno adverso. Assim, o que teria satisfeito à necessidade, passará a sustentar o inassimilável desta demanda - o desejo. Ali onde o ser vivo se satisfaz ao alcançar o alimento, o descanso, a higiene, o ser humano vê intervir *o* desejo.

O desejo, diz Lacan, "quer dizer uma demanda que não concerne a nenhuma necessidade."[42] Não existe objeto natural ligado à qualquer impulso. No entanto, existe um objeto que corresponde a cada necessidade ou instinto. À fome do bebê corresponde o leite materno, mas nenhum objeto corresponde à pulsão oral. Qualquer objeto pode ser adotado como objeto pulsional, embora ele não seja um objeto qualquer. É a demanda do Outro, do semelhante, que determina qual o objeto a ser adotado.

O sem sentido das palavras ditas, porta o elemento criador de significação. Portanto, mesmo o bebê não compreendendo o que se diz, percebe que algo lhe é endereçado; isso que desconhece lhe interessa, pode enganchar-se no que lhe é dito. Nesse vínculo estabelecido entre o bebê e aquele que dele se ocupa, promovendo uma ruptura com o estado quase letárgico em que o pequeno se encontra, chamamos *pulsão*. De um lado, o desejo da mãe recobre as necessidades do bebê com um sentido distinto da demanda de cuidados; de outro, o bebê se oferece a ocupar o lugar designado pelo sentido obscuro do desejo da mãe. Seu organismo será tomado por ele a partir dos significantes estabelecidos pelo Outro materno. As pequenas manifestações do bebê e o efeito delas no Outro estabelecem as primeiras relações, condição para o sentimento de existência do bebê: "faço parte deste mundo".

III.2.1.d. Corpo Significante

A criança é um ser pulsional por excelência. Ela desvela, para o adulto, dimensões nele recalcadas.

O humano está constituído como sujeito alienado ao Outro da linguagem. Sua origem é a via discursiva, a partir do significado que lhe é

---

[42] LACAN, J. O *seminário-livro 5: as formações do inconsciente.* Rio de janeiro: Jorge Zahar Editor, 1999, p. 393.

oferecido por aquele que lhe fala e que dele se ocupa. O bebê vai buscar na direção do olhar, o limite do corpo, os pontos privilegiados de relação com o mundo (boca, olhos, anus, pontos dolorosos, delicados). A ocupação do corpo biológico pelo aparelho psíquico constitui um outro corpo. Um corpo de significantes, erotizado, que tomará sentido para o sujeito na relação com o Outro. A partir dos seus significantes, a mãe dirige ao bebê um olhar que o determina. A captura deste olhar pelo bebê vai situá-lo numa cena, lugar que estabelecerá as condições para sua relação com o mundo. Freud chamou esta operação constitutiva do sujeito de *cena primária*: berço da fantasia fundamental.

Apesar de o bebê nascer com uma pré-disposição para reconhecer uma imagem humana, a qual Françoise Dolto chamou de *imagem inconsciente do corpo,* entre o saber genético do corpo, e o corpo que nos representa e que habitamos enquanto seres do desejo, há uma diferença.

O mesmo se passa com a voz; o bebê já nasce podendo reconhecer a voz da mãe, que ele ouviu na vida intra-uterina. Pesquisas recentes revelam que os bebês são particularmente mais sensíveis à modulação da língua materna, fator que sabemos veicular preferentemente às emoções. A voz da mãe é o primeiro elemento que convoca nele um sentido. Seguida do olhar, a voz levanta para o bebê a questão: *quem sou eu para este que* se *dirige a mim?*

Em *O Seminário-livro 11: os quatro conceitos fundamentais da psicanálise,* Lacan elabora a questão da separação do corpo dos instintos do corpo pulsional, mostrando que não há satisfação de necessidades, mas sim pulsão, por efeito de perda estrutural. São as marcas desta perda que se inscrevem no corpo, constituindo as zonas erógenas.

III.2.1.e. Pulsão de Morte

Lacan mostrou que Freud procura situar como pulsão de morte, na sua metapsicologia, algo que: "para nós, depende do fato de que a morte do homem, bem antes de se refletir, de maneira sempre ambígua, no pensamento, é experimentada por ele na fase de miséria original que vive desde o traumatismo do nascimento até o fim de seus seis primeiros meses de pré-maturação fisiológica, e que escoará em seguida no traumatismo do desmame" (Lacan, 1946).[43]

O nascimento, portanto, é paradoxalmente uma revelação da pulsão de morte: "a vida é a forma mais pura em que reconhecemos a pulsão de morte", diz Lacan.[44]

Vemos que de certa maneira o nascimento introduz uma dialética entre continuidade e descontinuidade; continuidade da descendência, descontinuidade como sujeito. De um lado, uma determinação linguageira que escapa ao sentido da linguagem constitui o sujeito como sujeito ao significante, submetido à primazia do simbólico que o precede. De outro, o furo, um intransmissível, que implica uma posição do sujeito fundamentalmente imprevisível, incalculável, sobredeterminado.

Quer tenha nascido no tempo previsto, ou seja, pré-maturo, o recém-nato é a fonte de múltiplos saberes. O surgimento de um bebê convoca uma série de observações em torno, ele não cessa de provocar surpresas, tanto no discurso dos pais, como no discurso médico, psicológico-desenvolvimentista, existencialista, lingüístico, enfim, suas competências são sempre singulares e inovadoras.

Dos quatro termos freudianos propostos para a *(trieb)* pulsão*: drang* (pressão)*, telle* (finalidade)*, objekt* (objeto) *e ziel* (alvo), Freud destaca d*rang*, como aquele que mais se aproxima do sentido de pulsão, definindo-o como um impulso que vem de uma excitação interna. Lacan nos adverte que na pulsão não se trata da pressão de nenhuma necessidade, pois justamente, seguindo Freud, o impulso da pulsão é exercido pelo que ele nomeia de *Real Ich,* (eu real), que é sustentado pelo sistema nervoso. É a libido que rege estes elementos pulsionais com uma força constante e indestrutível, fugindo, portanto, ao ciclo da reprodução sexual. A libido resulta da separação entre a sexualidade biológica e a sexualidade humana, tal como organizada pelo processo significante. Ela é o nome dado à pulsão de morte, razão pela qual a pulsão referida ao campo do simbólico é a pulsão de morte.

Tanto Freud quanto Lacan dão-se conta de uma dimensão para além do princípio do prazer, de um real, de um excedente de libido, que escoa

---

[43] LACAN, J. *Formulações sobre a causalidade psíquica.* In: *Escritos.* Rio de janeiro: Jorge Zahar Editor, 1998, p. 188.

[44] Idem, p. 188.

e coloca em movimento o aparelho psíquico, dimensão esta designada pulsão de morte. Quando Lacan aborda a questão da Pulsão de Morte, em *O Seminário-livro 7: a ética da psicanálise*, está preocupado em mostrar o quê, no desejo humano, distingue-se radicalmente do que possa ser a pura e simples satisfação de necessidades. Ele quer mostrar, valendo-se do pensamento filosófico, sobretudo do pensamento de Karl Marx, que aquilo que está no cerne do desejo humano é algo complexo, algo que se encontra na própria estrutura do psiquismo. A pulsão não é redutível à qualidade da tendência entendida no seu sentido mais amplo, no sentido do energético. Ela comporta uma dimensão histórica. Essa dimensão se marca pela insistência com que se apresenta, uma vez que ela se refere a algo memorável porque memorizado. A rememoração e a historicização são co-extensivas ao funcionamento da pulsão no que se chama psiquismo humano. É igualmente lá que se grava, que entra no registro da experiência, a destruição.[45]

Entretanto, já que a pulsão está sempre dirigida à outra coisa, ela ,enquanto pulsão, de morte dirige-se para além da tendência ao retorno ao inanimado. É aí que encontramos o desejo enquanto causa, projetado para além do campo dos objetos de satisfação, para além da dimensão do ser, ou seja, para aquilo que Lacan chamou de ser do significante.

III.3. Autismo e psicose infantil : breve resumo para compreensão da importância da presença do discurso psicanalítico junto aos bebês em situação de risco

III.3.1.a. Autismo

O autismo é um distúrbio precoce que nos ensina sobre os primeiros tempos de estruturação psíquica. Trata-se do fracasso da subjetivação observado no próprio tempo da constituição subjetiva, mais precisamente, no momento de emergência do sujeito. Dessa forma, fornece instrumentos clínicos aos profissionais de saúde que se ocupam daqueles situados em tempos iniciais de constituição física e mental, ainda não designados, portanto, como falantes .

---

[45] LACAN, J. *O Seminário-livro 7: a ética da psicanálise.* Rio de Janeiro. Jorge Zahar Editor, 1998, p. 259.

A clínica do autismo, cujas primeiras manifestações se fazem presentes antes dos trinta meses de idade, propicia um olhar sobre os elementos originários envolvidos no advento ou não de um humano capaz de se tornar "sujeito de sua história e de seus acasos futuros".[46] O autista seria aquele em que o processo de assunção subjetiva permaneceu em suspenso, ou seja, a emergência de um sujeito de linguagem não se efetivou como conseqüência de um fracasso da entrada do bebê no campo do Outro. O resultado disso é um comprometimento profundo da instalação do aparelho psíquico, da aquisição da linguagem e do estabelecimento do laço social.

Desde sua primeira descrição na literatura médica, num artigo de 1943 escrito pelo psiquiatra austríaco Leo Kanner, a questão do não estabelecimento de laços é destacada no que foi designado por ele como *autismo infantil precoce*:

> O excepcional, o patognomônico, a desordem fundamental é a inaptidão das crianças para estabelecer relações normais com as pessoas e a reagir normalmente a situações desde o início da vida (...) a linguagem não é feita para comunicar (...) todas as atividades e expressões verbais das crianças são governadas de maneira rígida e em conformidade ao desejo onipotente de solidão e imutabilidade.[47]

Frances Tustin, em entrevista sobre o autismo diz: quando algo começa errado muito precocemente na vida, há uma tendência em se atribuir tal fato à genética. Este é, sem dúvida um aspecto relevante, não para enveredarmos numa discussão improdutiva sobre a psicogênese e a organogênese da síndrome autística. Não se trata de definir uma etiologia orgânica ou psíquica, mas, a partir do conceito freudiano de pulsão, do encontro entre corpo e linguagem, dos efeitos de tal encontro; da instauração de certas estruturas psíquicas que alteram de maneira irreversível o destino do orgânico. O autismo mostra o não encontro, que nos leva a atestar o não devir de um sujeito de linguagem.

---

[46] ANSERMET, F. *Clínica da Origem.* Rio de janeiro: Contra Capa, 2003. p. 67.

[47] LETRA FREUDIANA. *O autismo.* nº 14. Rio de Janeiro: Editora Revinter, 1995, p. 3.

A possibilidade de um não falante suscita uma investigação no campo do Outro, campo da linguagem e de sua transmissão. Para que o humano tenha acesso à linguagem, é condição necessária que haja um outro funcionando como suporte desta, constituindo, a partir de condições muito específicas para o bebê, um campo do desejo e da fala.

Entendemos que a precocidade da síndrome autística deve ser examinada a partir do vínculo materno-infantil, das vicissitudes da parentalidade do bebê, de elementos de sua pré-história. De acordo com F. Ansermet, "não nos humanizamos sozinhos;o sujeito surge do ser vivo por intermédio da operação da linguagem, que passa pela anterioridade do Outro simbólico".[48] Para a psicanálise, o primeiro local de nascimento de um bebê é no desejo dos pais. Ele vai existir, no imaginário dos outros parentais que o antecedem, como algo que vai criando consistência, real e simbólica. Puro efeito do investimento desempenhado por esses outros em posição de maternagem, constituindo, portanto, o campo primordial do bebê.

Assim, o desejo capaz de constituir um sujeito para além de um "ser vivo" não é um desejo qualquer. Diz Jacques Lacan:

> A função de resíduo exercida (e, ao mesmo tempo, mantida) pela família conjugal na evolução das sociedades destaca a irredutibilidade de uma transmissão – que é de outra ordem que não a vida segundo as satisfações das necessidades, mas é de uma constituição subjetiva, implicando a relação com um desejo não anônimo. É por tal necessidade que se julgam as funções da mãe e do pai. Da mãe, na medida em que seus cuidados trazem a marca de um interesse particularizado, nem que seja por intermédio de suas próprias faltas. Do pai, na medida em que seu nome é o vetor de uma encarnação da lei do desejo.[49]

A existência desse desejo não anônimo, particularizado, é imprescindível para a constituição da função materna; ele a define e a mantém. É importante ressaltar que esta função deve estar, necessariamente, encarnada

---

[48] ANSERMET, F. *Clínica da origem – A criança entre a medicina e a psicanálise.* Rio de Janeiro: Contra Capa, 2003, p. 65.

[49] LACAN, J. *Nota sobre a criança.* In: *Outros escritos,* Rio de Janeiro: Jorge Zahar Editor, 2003, p. 369.

num outro que faça operar os elementos fundamentais para a constituição subjetiva da criança, transmitidos através do vínculo mãe-bebê.

A existência de um desejo não anônimo mostra que o Outro materno porta, por excelência, uma aposta investida de um traço distintivo e essencial: ser fundador de um sujeito a advir, a partir do recém-nascido. Portanto, a função materna existe desde que haja um voto de que

> o objeto trazido pela mãe será um sujeito. Pois é só apostando que o sujeito existe que ele é produzido ao mesmo tempo e pelo mesmo golpe que o lugar do outro. Essa dupla criação é propriedade específica da função. Ao criar o lugar do outro em seu próprio corpo, a mãe permite e dá ao filho as condições para que, ao mesmo tempo, o corpo dele por sua vez se o torne. [50]

Esta aposta, que não é da ordem de uma vontade consciente, possui o poder de inventar um sujeito, na medida em que o Outro se oferece como o primeiro lugar de sustentação de um sujeito a advir, que se dá através de um olhar particular que se dirige ao bebê, ao seu corpo, retirando-o do estado de pura sensação. Como diz Frances Tustin, "as sensações orgânicas são o começo, exatamente o que Freud chamou de ego corporal."[51] As manifestações do bebê, o choro, o grito, produzem uma resposta no campo do Outro. O fato dessa resposta existir constitui as manifestações em apelo provenientes do bebê, sendo este assim introduzido na ordem simbólica. Trata-se de um corpo a ser decifrado, interpretado, um corpo que captura o Outro, então constituído como Outro materno. Do verbo se faz a carne, simbólica, que recobre a carne biológica com as marcas do Outro que precede o sujeito.

Assim, a função materna engendra um sujeito por pura antecipação de sua própria existência. A mãe nomeia, se relaciona com algo que, para existir de fato, precisa de sua crença. Segundo Winnicott, há uma dependência absoluta do bebê em relação ao campo materno, que faz com que o bebê não exista – *There is no such thing as a baby*[52] – estando ele indissocia-

---

[50] YANKELEVICH, H. *Do pai à letra.* Rio de Janeiro: Companhia de Freud, 2004. p. 39.

[51] TUSTIN, F. *A perpetuação de um erro.* In: *Letra Freudiana. O autismo.* Rio de Janeiro: Revinter, 1995, p. 69.

[52] ANSERMET, F. *Clínica da Origem – A criança entre a medicina e a psicanálise.* Rio de Janeiro: Contra Capa, 2003, p. 57.

velmente ligado à sua mãe, em uma aura de ilusão que inclui ambos. Isso define o que Winnicott chamava de *solicitude materna primária* e *loucura necessária das mães.* Uma mãe fala, se dirige a quem ainda não fala, endereçando um número infindável de atributos ao bebê, que, na verdade, ainda vão se estabelecer; estão em instância, aguardando de forma antecipatória o reconhecimento do semelhante.

Desse modo, o Outro consiste no lugar onde a representação de um sujeito, ainda por advir, se liga ao real do corpo do bebê. Este, enquanto filhote do humano, não pode prescindir desse Outro para tal operação.

O Outro materno porta e veicula uma antecipação com poder criador, falando uma língua específica, ao mesmo tempo que suporta tal língua para o bebê. O desejo não anônimo, que engendra a antecipação criadora, pontua uma língua dotada de atributos capazes de capturar o bebê na cadeia de linguagem materna. Dessa forma, "a mãe, ao se dirigir ao filho, usa uma tonalidade e acento particulares (...) essa língua falada com o bebê – cujos traços de contorno dos fonemas, o acento rítmico e as variações tonais da frase (...) na verdade significam que a mãe fala com o filho, nomeando-o". [53]

Essa língua, portadora do investimento materno, constitui o registro da melopéia[54], que deve prevalecer nos diálogos entre a mãe e o bebê. De acordo com Laznik,

> (...) as pesquisas recentes sobre a linguagem nos primeiros meses de vida mostram que quando uma mãe se dirige ao filho, ela imprime certo número de modificações à cadeia sonora de seu enunciado ("o manhês"). Este fenômeno parece ser universal e se produz quase automaticamente em pessoas que se encontram em situação de maternagem diante de um bebê. Elas são indispensáveis para que o sensório deste esteja em posição de perceber e registrar os sons a ele dirigidos.[55]

---

[53] YANKELEVICH, H. *Do pai a letra.* Rio de Janeiro: Companhia de Freud, 2004, p. 41.

[54] Entre os gregos, arte de compor melodias mediante a utilização de seus elementos: sons, intervalos, modos, tons de transposição. Peça musical para acompanhamento de um recitativo. Forma de declaração agradável ao ouvido. Toada. Cantilena.

[55] LAZNIK, M.C. P. *Rumo à palavra.* São Paulo: Escuta, 1997, p. 36.

Ela acrescenta que sem tais alterações, a cadeia sonora produzida pelo enunciado do adulto permaneceria inaudível para o bebê, não sendo por ele registrável. O "manhês", língua da relação dual que caracteriza a constituição do circuito mãe-criança, permite ao bebê sustentar o discurso materno, causando na mãe a possibilidade de manter tal endereçamento ao bebê. Por se tratar de um circuito, as repostas produzidas do lado da criança possuem um efeito criador também sobre a mãe.

É importante acrescentar que essa prosódia particular que caracteriza o "manhês" é quase exclusivamente produzida na presença do bebê. Para se obter tal estilo é necessário rara combinação de um alto grau de prazer e estupefação combinados. Essa combinação produz um gênero de pico prosódico não reproduzível em outras situações. No laço mãe-bebê o prazer e a estupefação devem se dar ao mesmo tempo em que o lactente possa identificar sua presença como sendo causa de ambos. O bebê verá no olhar materno não o seu desamparo, mas o investimento do qual ele é o objeto idealizado.

Podemos estabelecer um dos pontos que caracterizam a função materna: um desejo não anônimo, que comparece numa língua dotada de especificidades, que veicula uma antecipação criadora fundamental para a constituição do vínculo materno-infantil. O estabelecimento de tal vínculo significa que, para este bebê, se constituiu um Outro capaz de introduzi-lo na ordem simbólica, na linguagem, na posição de falante.

No autismo, há uma impossibilidade no estabelecimento do laço primordial entre o bebê e o campo do Outro, campo de ancoramento simbólico para a existência do sujeito de linguagem. A clínica do autismo está ligada a falhas definitivas, ou não, no estabelecimento desse laço fundador, implicando no fracasso da instalação do aparelho psíquico, da aquisição da linguagem e da constituição de um corpo para além do corpo biológico. O autismo nos confronta com a ausência da instauração da relação especular; com um defeito fundamental na presença original do desejo do Outro parental, sem a qual nenhum sujeito poderá advir.

Acreditamos que os sinais de uma falha na constituição do campo parental são passíveis de detecção, desde que haja uma atenção dirigida a eles. O não estabelecimento do laço mãe-bebê traz indicadores precoces de que as estruturações necessárias para a instalação do aparelho psíquico, o nascimento do sujeito propriamente dito, não estão se fazendo. O trabalho com a primeira infância permite uma intervenção que se daria necessariamente no âmbito do laço materno-infantil. O objetivo seria intervir para que o campo primordial se constitua, garantindo assim o primeiro lugar de existência para o sujeito.

No início, há o Outro diante do qual o sujeito se encontra em posição de alienação; alienação às palavras que o nomearão como tal. É lá, no discurso do Outro, que o humano deve iniciar sua trajetória, configurando um primeiro tempo da constituição subjetiva.

III.3.1.b. As psicoses infantis : breves considerações

É no final do sec. XIX que a psicose ganha estatuto de entidade clínica, tanto para a psiquiatria quanto para a psicanálise, sendo aí isolada nosologicamente. No campo da doutrina freudiana, a psicose é estruturalmente diferenciada de neurose e perversão por apresentar um mecanismo psíquico defensivo próprio, o da recusa. As diferentes definições de psicose para a psiquiatria e para a psicanálise revelam as distinções entre os dois saberes: enquanto a psiquiatria descreve os fenômenos, a psicanálise dá a razão de sua estrutura. A diferença, contudo, não implica em exclusão, muito menos em incompatibilidade. Para Freud, não havia oposição entre psiquiatria e psicanálise, guardando entre si uma relação de complementariedade. Ele afirmava que a psicanálise está para a psiquiatria um pouco como a histologia está para a anatomia: "uma estuda as formas externas dos órgãos, a outra estuda sua estruturação em tecidos e células."[56]

Na criança, embora a aceitação da existência da psicose remonte ao início do século XX, é relativamente recente a conceitualização de psicose infantil. Naquele período, o que havia do ponto de vista nosológico era a descrição da esquizofrenia infantil, assentada inteiramente no modelo do adulto. Portanto, a despeito da clínica psiquiátrica da criança ser um campo de observação antigo, uma clínica específica da criança, com conceitos,

---

[56] QUINET, A. (org.). *Psicanálise e Psiquiatria: controvérsias e convergências.* Rio de Janeiro: Rios Editora, RJ, 2001, p. 3.

métodos e problema próprios, só se estabeleceu a partir da década de 30. É aí que se dá a especificação científica de psicoses incidentes na criança, definida por moldes próprios, divorciados de balizamentos da psicose em adultos.

Foi o psiquiatra Kanner L. quem, em 1943, para além da descrição de um novo quadro nosológico, lançou a pedra fundamental de tal especificação, designando uma patologia mental própria da infância, ao isolar e definir a síndrome autista precoce, cuja etiologia seria puramente orgânica.

Tal isolamento não deixou de esbarrar em sérias dificuldades no que se refere à descrição de quadros nosológicos claros e precisos, e isto em razão do polimorfismo que os quadros psicóticos na infância costumam apresentar. Tal característica é explicada pela psicanálise pelo fato "de a psicose na infância, muito mais do que se configurar como um conjunto de signos, apresentar-se como formas clínicas reveladoras da vicissitude do desejo na criança."[57]

Para a psicanálise, quando se aborda as graves perturbações psíquicas na infância, é das contingências do desejo que se trata. Assim, a exemplo do autismo, também nas psicoses infantis reportamo-nos a distúrbios decorrentes do fracasso na entrada do bebê no campo do desejo do Outro. Situamo-nos aqui no terreno do vínculo mãe-bebê, isto é, do Outro primordial, num contexto em que não se dá a transmissão pelo Outro de elementos estruturantes para a constituição subjetiva do bebê.

No autismo, verifica-se no desejo da mãe um vazio quanto ao lugar a ser ocupado pela criança em seu psiquismo, não se constituindo o elemento primeiro, condição necessária à subjetividade: o investimento libidinal do Outro primordial. Se, portanto, no autismo, estamos autorizados a falar de ausência de investimento, no caso das psicoses, é possível dizer que nos situamos no campo do excesso. Neste caso, diferentemente do autismo, já ocorre investimento, porém dotado de um caráter especial.

Nas psicoses, ainda antes do nascimento, ou as crianças são notavelmente investidas pela mãe, ou são por ela concebidas como uma dependência de seu corpo, constituindo o corpo do filho objeto complementar, não

---

[57] VOLNOVICH, J. *A psicose na criança.* Rio de Janeiro: Relume Dumará, 1993, p. 93.

destacável de si. Trata-se de mães para quem *a falta* – elemento constitutivo do desejo – revela-se impossível. Para elas, a falta é insuportável, ficando a criança destinada a preenchê-la. Nas psicoses infantis, a mãe rigorosamente se satisfaz na criança. Seu desejo não é referendado ao desejo do pai. Dessa forma, a mãe deixa de passar à criança a condição necessária à emergência do sujeito, a saber, que o desejo de cada um é sempre submetido à lei do desejo do Outro.

Na impossibilidade da mãe ser portadora da falta para a criança, esta perde o acesso ao jogo "presença-ausência", base para o ingresso no registro simbólico da fala e da linguagem. O desmame ilustra essa situação. Nele, ocorre a privação tanto para a mãe quanto para a criança, sendo a primeira privada de seu objeto de satisfação – a criança –, e a segunda, de colocar-se como objeto de satisfação da mãe. Nessa operação de desmame, a criança é privada do seio, o que lhe permite que fale com a mãe; quando a criança tem o seio dela na boca, não pode falar .

Obs.: dada a relevância do assunto decidimos desenvolver em outro número da revista as questões sobre o autismo e psicose na infância, e apenas alertar para a importância de uma observação e um acompanhamento cuidadoso dos bebês em internações prolongadas.

IV

CORPO SUBJETIVADO

IV.1. Efeitos da presença do psicanalista na UTI neonatal

O que justifica a presença de um psicanalista em uma UTI neonatal?

Essa interrogação dá início a um questionamento acerca da pertinência do discurso analítico junto ao discurso médico e ao discurso universitário. Ressaltamos que essa pesquisa acontece em um hospital universitário, lugar em que, além de um discurso médico, faz-se um ensino da medicina.

IV.1.1.a. Por que freqüentar uma UTI neonatal? O que essa experiência tem a ensinar aos analistas?

No cotidiano de uma UTI neonatal, as experiências vividas por aqueles que ali trabalham produz um *silêncio*, silêncio que em um ambiente hospitalar se impõe em virtude do encontro com o real de uma experiência de morte. Na UTI, um conjunto de procedimentos e técnicas é exigido para a sobrevivência de um bebê, no auxílio à manutenção de uma vida que se inicia. Poderíamos dizer que a presença de um analista neste lugar causa estranheza em um primeiro momento; esta estranheza interroga tanto os profissionais do hospital quanto os analistas.

Pela experiência proporcionada em suas clínicas, médicos e psicanalistas, no encontro com seus pacientes, deparam-se o tempo todo num confronto entre a aplicação das técnicas e da teoria, e aquilo que os pacientes lhes apresentam como questionamento a todo saber constituído. Pela leitura do sintoma, a medicina vê a doença do paciente no órgão, quando este apresenta a sua função prejudicada e assim as estratégias de uma cura para a redução do quadro sintomático. A cura há de se dar *in loco* pela aplicação de técnicas e procedimentos, e espera-se que aquele que porta a moléstia encontre o seu bem-estar. O paradoxal é que muitas vezes, embora sejam utilizados os melhores e mais sofisticados recursos de que a ciência dispõe, para além do orgânico alguma coisa insiste em não estar bem. Há algo que escapa a todas as "ressonâncias", que insiste em se esconder do olhar do médico, mas que ressoa e se dá a ver no discurso. Trata-se daquilo que se manifesta pela abertura do inconsciente nas entrelinhas.

É aquilo que se apresenta como mancada, como falha do discurso consciente, que revela ao psicanalista o ponto de abertura do inconsciente, onde o sujeito em sua vida cotidiana mostra o seu sintoma. Para a psicanálise, no que diz respeito a uma sintomática subjetiva, a *cura* é dirigida no sentido de um aprimoramento, de uma preparação que permita ao sujeito bem dizer o seu sintoma. A medicina encontra algum indício daquilo que já se estabeleceu em seu campo de saber no sintoma manifesto. Já o psicanalista se depara com um saber que só advém da boca de seu analisando, um saber que está lá em instância, inconsciente. Ele não se ocupa em dar conta de uma verdade universal, mas daquela que, inconsciente, diz respeito a cada subjetividade. Neste sentido, a clínica psicanalítica se apresenta como a clínica do particular, do um a um, da escuta do caso a caso que Freud nos ensinou, procedimento em que cada experiência de análise deve ser tomada como única, sem levar em conta as experiências anteriores.

IV.1.1.b. A transferência na uti neonatal

Freud atentou para a transferência, considerando todo o arcabouço de concepções teóricas presentes no discurso médico do qual fazia parte como neurologista. Foram as histéricas que lhe estenderam o tapete vermelho sobre o qual, mais tarde, ele faria desfilar o conceito de transferência tal como o inscreveu por sua *praxis*, na teoria psicanalítica.

No artigo de 1888, intitulado *Histeria*, Freud emprega o termo de "transferência" em relação aos sintomas histéricos, isto é, utiliza o termo *transfert*. Dirá ele: "Quando os sintomas histéricos mudam, algumas circunstâncias marcantes entram em jogo. Pelo uso de métodos 'estesiogênicos' é possível transferir uma anestesia, uma paralisia, uma contratura, um tremor, etc, para a área simétrica da outra metade do corpo (*transfert*), enquanto a área originalmente afetada se normaliza."[58]

Freud encontrava-se em meio a uma discussão que envolvia os dois maiores expoentes da psiquiatria de sua época, sendo, inclusive, o responsável pela tradução para o alemão tanto das *Conferências sobre as doenças do sistema nervoso*, de Charcot, como do livro *De la suggestion*, de Bernheim. Na versão em alemão dos dois livros, encontramos o prefácio à tradução escrito por Freud. Os dois homens discordavam quanto ao emprego da hipnose. Charcot privilegiava a hipnose e defendia que o *transfert* – a transferência de sensibilidade de uma parte do corpo para a parte correspondente do outro lado – era um fenômeno fisiológico; enquanto Bernheim acreditava que tal fenômeno se dava em função da sugestão, o que lançava a questão para a esfera psíquica e inseria uma separação entre os fenômenos neurológicos e o acontecimento psíquico.

No *Prefácio* à tradução de *De la suggestion de Bernheim*, Freud dirá que o principal valor do livro está na vinculação dos fenômenos hipnóticos na vida de vigília e no sono, uma vez que, assim, ressaltam-se as leis psicológicas que estariam ali aplicadas. Para Freud, neste momento, interessa a transposição do problema da hipnose para a esfera da psicologia, o que implica que a sugestão ganhe o lugar central no que diz respeito ao hipnotismo e, ao mesmo tempo, se constitua como a possibilidade de compreendê-lo.

Freud destaca com precisão a divisão que vigorava em torno dos adeptos do hipnotismo. Ele vai apontar a incidência de duas correntes

---

[58] FREUD, S. *Histeria*. In: *Obras completas*. 19ª. ed., Rio de Janeiro: Imago, V. I, p. 94.

com relação à hipnose: uma que privilegiava os fenômenos psíquicos e os efeitos de sugestão; outra que dava maior ênfase aos fenômenos físicos ou fisiológicos. Para ele, a controvérsia gira em torno dos fenômenos descritos por Charcot sobre pacientes histéricos hipnotizados - o *grand hypnotisme*, como era chamado.

Deste embate teórico, Freud concluiu que seu interesse era o caráter psíquico do mecanismo das manifestações histéricas, e construiu, sobre as bases do discurso médico, um *Projeto de Psicologia* que pudesse dar conta de um modelo psíquico. Freud fez entrar na psicanálise o conceito de transferência fundando o método psicanalítico. Ele edifica a psicanálise ao escutar a transferência na relação que se estabelece entre o médico e seu paciente; recomenda aos médicos que exerciam a psicanálise em 1915[59], atenção para com a transferência, uma vez que esta se revelava como a possibilidade de deslocamento das representações inconscientes.

Assim, se a técnica silencia por sua presença, o analista há de fazer ouvir este *silêncio*. A transferência está o tempo todo em jogo tanto para os médicos quanto para os psicanalistas. Sabemos o quanto ela é importante quando, na relação médico-paciente, assistimos à construção de todo um campo que permite ao paciente empenhar-se em sua recuperação ao confiar na palavra de seu médico. O paciente confia não só no saber científico que o médico possui, mas sobretudo na sua palavra.

Em uma UTI neonatal, tal como em sua clínica, o analista opera a partir da transferência. Sua presença é aquela que leva o sujeito a se interrogar e a se incluir no que diz, na medida em que faz presente a escuta de um dizer verdadeiro.

Um pequeno acontecimento serve de ilustração: ao entrar na UTI, o analista pergunta por um bebê que já há algum tempo ocupava uma incubadora. Gentilmente, a enfermeira o informa que o bebê fora transferido para a Unidade Intermediária (UI). O analista agradece e prossegue em sua observação dos bebês que ali se encontravam. Logo depois, a enfermeira dirigindo-se a ele, pergunta: "você pensou que ele tinha

---

59 FREUD, S. *Observações sobre o amor transferencial.* In: *Obras completas (Novas recomendações sobre a técnica da psicanálise III).* 19ª. ed., Rio de Janeiro: Imago, V. XII, p. 207-221.

morrido?". Ao que ele lhe responde: "Por que você está me perguntando isso?". A enfermeira, então, diz: "porque hoje cedo a mãe desse bebê havia entrado na UTI para visitar o filho e, ao ver seu leito vazio, chorou muito e ficou desesperada, pensando que o filho havia morrido". Acrescenta: "talvez nós devêssemos encontrar um meio de falar para os pais que os seus filhos foram transferidos para a UI antes que eles entrem na UTI para procurá-los". Em sua simplicidade, este exemplo nos ensina que a presença do analista na rotina de uma UTI convoca o sujeito a dizer da experiência vivida. Dizer que o convoca a uma elaboração.

Quando há transferência, a presença do analista em uma UTI neonatal levanta um sem número de questionamentos, interrogando tanto o próprio analista quanto a equipe médico-hospitalar. Essa presença equivoca e coloca em questão a dureza da técnica. A experiência, descentrada do lugar habitual de acolhimento, interroga o analista a respeito de seu lugar convocando-o a uma elaboração. A transferência faz falar a equipe médico-hospitalar, interrogando sobre os procedimentos empregados, promovendo um deslocamento, uma vez que a certeza revestida pelo método se vê questionada. Assim, lança-se a interrogação: há algo além dos métodos e procedimentos empregados, algo para além de toda a tecnologia que possa ajudar no restabelecimento desses bebês?

A sobrevivência de um bebê não se reduz a uma dependência de aparelhos e procedimentos, apesar de serem indispensáveis. A *constituição subjetiva* está para além do corpo biológico que o habita. Um sujeito se constrói no campo da fala e da linguagem.

IV.1.1.c. Sobre a constituição do sujeito: quando o laço mãe-bebê se constrói no laço bebê-corpo-médico-equipe

Nossa interrogação acerca da constituição do sujeito vem se inscrever em condições especiais, isto é, em um campo onde o bebê em seu desamparo inicial, a que qualquer humano está submetido, necessita de cuidados intensivos para a manutenção da sobrevivência do organismo.

No capítulo 3, tratamos da construção do laço mãe-bebê. O que aqui vamos interrogar diz respeito à construção desse laço em situação de internações prolongadas. Sustentamos a hipótese de que na ausência da presença da mãe, para que o bebê se enganche em uma vida subjetiva, terá que se constituir um laço entre este e o que denominamos *corpo-médico-equipe*, isto é, o corpo de linguagem que circula pela UTI. Acompanhamos casos em que, embora a mãe biológica não estivesse presente na maior parte do tempo, esse Outro primordial que o corpo materno encarna, esse Outro que é a linguagem – os significantes privilegiados na relação com esse bebê, foi suportado pelo *corpo-médico-equipe.*

Este não se constitui numa figura específica, como um determinado médico ou uma determinada enfermeira, ainda que todos aqueles que fazem parte de uma equipe invistam, à sua maneira e a seu tempo, nos bebês que se encontram em seus cuidados. Aí estão todos aqueles que cuidam do bebê, e que, sem saber, oferecem os seus significantes quando executam um determinado procedimento e falam com ele, dizendo o que estão realizando.

O toque também se apresenta como demanda articulada ao campo pulsional. Quem toca é o Outro, por isso podemos dizer que o toque pode ser bom ou ruim, acolhedor ou não. É o Outro que vai atribuir a esse toque o valor positivo de uma carícia, ou negativo de uma perfuração, embora também possa atribuir a essa perfuração um valor positivo, uma vez que ela é necessária para que o bebê seja socorrido a contento. Da mesma forma, uma carícia pode ser algo doloroso se no momento em que alguém a executa lhe é penoso fazê-lo. O importante, portanto, é que quando olhamos, falamos, tocamos, estamos introduzindo o valor do significante, ou seja, a sua capacidade de equivocação. Introduzimos uma alternância simbólica de presença ausência: nem sempre se é perfurado, às vezes se é acariciado; do mesmo modo, e inversamente, nem sempre se é acariciado, às vezes se é perfurado.

Assim, o toque se inscreve no campo *pulsional*, ele endereça uma demanda ao Outro, ele também se formula como uma resposta a *O que ele quer de mim?"*.Posso responder que ele quer uma carícia ou uma injeção. Não se sabe. Ambos são representados pelo significante que o acompanha.

Isidoro Vegh, em seu livro intitulado *O Próximo*, faz alguns apontamentos importantes acerca do toque: "Não é um problema neurológico;

é o Outro real que toca, (...) e ao fazê-lo adianta formas de gozo que são formas de transmissão no Real. (...) há uma esquize entre o toque e o tato [...] Um toque não se reduz à dimensão imaginária (...) o toque é uma das formas do objeto *a*."[60]

O corpo *médico-equipe* tem por objetivo o restabelecimento do bebê, acolhendo-o, prestando-lhe os cuidados necessários, falando com ele ou sobre ele. Nesse percurso, há um elemento que é preciso introduzir : a relação bebê-*corpo-médico-equipe* como o lugar por excelência do restabelecimento de um corpo biológico. Há uma outra passagem em jogo, que é a passagem do *acolhimento* feito por esse *corpo-médico-equipe*, para o *acolhimento materno*. Vemos isso ocorrer claramente quando a mãe começa a se aproximar da criança na UI. Escutamos ali o importante papel que a equipe desempenha nessa passagem, nesse caminho para o encontro mãe-bebê. Nas internações em UTI, frequentemente a mãe está presente por um período muito curto de tempo. O importante não é só o tempo da presença, mas principalmente o investimento feito ao bebê.

Devemos perguntar que elementos facilitadores poderiam ser adotados para *acolher* também essas mães e familiares. Diríamos que é preciso considerar sempre que o restabelecimento do bebê não pode prescindir do *acolhimento materno* e do acolhimento dado a essa mãe quando da internação de seu bebê na UTI, na passagem para a UI e na saída para casa. Alguns casos nos dão suas provas.

Faremos agora um breve comentário de dois casos de internação prolongada. Primeiro falaremos de Maria, um bebê prematuro que necessitou de três meses de internação na UTI; quando recebeu alta, encontramos sua mãe relutante em levá-la para casa, pois temia "não saber cuidar tão bem da menina como a equipe médico-hospitalar, e deixá-la morrer". Afinal, "ela não havia dado a luz a um bebê que precisasse apenas de seus cuidados, mas a um bebê que tinha precisado de cuidados especiais para sobreviver".

---

60 VEGH, I. *Enlaces e desenlaces do gozo*. In: *O Próximo*. Rio de Janeiro: Companhia de Freud, 2005, p. 149.

Neste caso, o acolhimento ofertado pela equipe a essa mãe foi decisivo. Permitiu que a criança ficasse mais alguns poucos dias na UI, enquanto a mãe, amparada pelas enfermeiras, amamentava, dava banho etc., até sentir-se apta a cuidar de sua filha.

A história de Vitório não foi tão promissora. Tratava-se de um bebê cuja prematuridade se deu a partir de um aborto provocado. Ele sobreviveu. Apesar da tentativa materna de abortar-lhe a vida. Na UTI, todos os cuidados necessários lhe foram dispensados. Por fim, sua mãe o entregou à Assistência Social para adoção. Ela não desejou vê-lo, nem mesmo nomeá-lo. Em certo momento, houve um encontro dela com os analistas que participavam da pesquisa; a partir daí, após falar sobre esse filho, ela finalmente o nomeia. O menino recebeu o nome de Vitório, e passou longos meses na UTI, com diversas seqüelas neurológicas. Seu estado de saúde se tornou estável e satisfatório, por isso foi transferido para a UI, onde foi *acolhido* pela equipe. Logo em seguida, com poucos dias nessa unidade, uma pneumonia o fez retornar à UTI: mais algumas semanas de cuidados intensivos. Uma vez recuperado, retornou à UI e, após algum tempo, foi encaminhado para a pediatria, lá permanecendo por mais algumas semanas.

Durante a sua estada na pediatria, por duas vezes a fonoaudiologia foi requisitada para uma avaliação, pois, mesmo encontrando-se clinicamente bem, ele começou a não aceitar o alimento. Nenhuma alteração quanto à sucção foi diagnosticada. Tratava-se, portanto, de uma recusa, uma vez que apresentava um quadro clínico satisfatório. Foi então encaminhado aos cuidados de uma instituição para menores onde, menos de um mês depois de sua saída da pediatria, veio a óbito. Conseguiu sobreviver ao voto de morte materna até seis meses.

Assim, a pergunta é: se tudo estava bem, se seu quadro clínico era bastante satisfatório, por que, depois de mais de seis meses de internação, depois de ser perfurado inúmeras vezes, entubado, alimentado por sondas, manipulado etc., Vitório falece? Diríamos que, ao contrário de Maria, o laço com o Outro não pôde se sustentar; interrompida a tênue relação que estabelecera com a equipe médico-hospitalar e que o sustentava no campo simbólico, a constituição do circuito pulsional não se efetivou.

Este exemplo mostra como um voto de morte vindo daquele que deveria sustentar o laço do bebê com a vida, pode ser determinante para o desenlace de uma gestação. Uma mãe não investida eroticamente por seu parceiro, muitas vezes não encontra recursos subjetivos para sustentar o desejo de um filho, podendo abortá-lo na gravidez ou não permitindo que ele deseje viver.

IV.1.1.d. Da estimulação precoce à intervenção analítica

Ao longo de algumas entrevistas realizadas no HUAP, com enfermeiros e técnicos de enfermagem, notamos em seus depoimentos que um significante em especial se repetia: "estimulação". Embora desprovido de qualquer conotação cientifica, este termo, por diversas vezes, foi utilizado para designar a função desses profissionais na rotina de trabalho com os bebês e os pais, aproximando-se, em alguns momentos, do que nessa pesquisa visamos através de uma intervenção analítica.

Durante o trabalho de pesquisa, a expressão "intervenção precoce", que figurava em seu título, deu lugar à expressão "intervenção analítica", a fim de se diferenciar da prática da estimulação precoce, centrando-se a intervenção no laço com os pais e equipe de profissionais. O objetivo é propiciar as condições para que a constituição subjetiva do bebê se dê e não somente a prevenção de distúrbios psíquicos futuros.

A "estimulação precoce"[61] é uma técnica que surge nos anos 60, nos EUA e na Argentina. Com ampla difusão entre médicos e profissionais da área de saúde mental, visava estimular crianças e bebês com atrasos no desenvolvimento motor, através de procedimentos baseados num programa pré-definido de exercícios físicos constantes. Diante de um bebê de 5 meses, por exemplo, que apresentasse dificuldades para sustentar a cabeça, realizava-se uma série de exercícios em que a cabeça era girada de um modo determinado, a fim de fortalecer a musculatura do pescoço,

---

[61] CORIAT, E. *Psicanálise e Clínica com bebês.* Porto Alegre: Editora Artes e Ofícios, 1997, 9. p. 238.

Pouco tempo depois, na Argentina, essa técnica sofre a influência da psicanálise, que nessa época também vinha se difundindo neste país. Teve início com a inclusão dos aspectos subjetivos da relação da criança com os pais e seu entorno. Algumas manifestações de atraso motor passam a ser abordadas de outra maneira, como efeito de uma dificuldade, de uma precariedade no estabelecimento do laço do *infans* com os pais e com o mundo. Ao aplicar certos exercícios, como o de sustentar a cabeça, percebeu-se a necessidade de levar em conta que esta sustentação diz respeito ao interesse por olhar as coisas do mundo, e que este interesse tem relação com o olhar do Outro, na medida em que este demonstre interesse pelo bebê. Sabemos o quanto o bebê busca, no olhar do Outro, uma sustentação para sua existência, para o seu lugar no mundo.

A inclusão dos aspectos psicológicos da história do bebê serviram de base, durante muito tempo, para a sistematização de tabelas de desenvolvimento e maturação, dado que a preocupação continuava sendo a de oferecer adequadamente um estímulo no lugar daquele que teria faltado. A conquista do domínio motor pelo bebê era estimulada por procedimentos mecânicos. Além disso, era importante proporcionar o estímulo adequado a cada etapa da vida da criança. É importante ressaltar que o estímulo que leva o bebê a se movimentar é o interesse do Outro, seu acolhimento, seu investimento amoroso.

Com a participação do psicanalista no trabalho de estimulação precoce, surge a preocupação de se estimular "o mais cedo possível", precocemente, do ponto de vista cronológico, o vínculo do bebê com os pais a fim de evitar danos psíquicos futuros.

Mas a estimulação precoce não caminhou sozinha. Na medida em que a psicanálise ia se expandindo, principalmente nos hospitais, em trabalhos com neonatos, surge uma outra prática, esta nomeada de "intervenção precoce". Essa prática se apresenta desvinculada das técnicas de estimulação precoce, entendendo-se tanto o estímulo como a intervenção ao laço do bebê com a mãe e seu entorno. Vale dizer que é a estruturação simbólica na qual este *infans* está inserido e que o precede, que pode guiar o modo de intervenção do analista.

Em nossa pesquisa, visamos acompanhar os primórdios da constituição psíquica e realizar intervenções que possam evitar, ou pelo menos minimizar, possíveis transtornos psíquicos, dado se tratar de uma situação de extremo desamparo e angústia tanto para o bebê quanto para seus pais. O risco de vida, a internação às vezes muito prolongada, que impõe um distanciamento entre o bebê e seus pais, a prematura frustração ao se deparar com um bebê tão diferente do esperado e sonhado, e tantos outros fatores, podem comprometer o estabelecimento do laço do bebê com os pais e com aqueles que dele se ocupam.

Elsa Coriat, baseando-se em observações clínicas e estudos neurológicos, afirma que a estimulação precoce é bem sucedida quando se mantém aliada ao tempo cronológico da criança:

> Até os três meses, com palavras dirigidas aos pais que apontem a reinstalar o desejo pelos caminhos que lhe dizem respeito em sua relação com o bebê, a operação clinica pode conseguir restabelecer a situação em poucos dias... Aos seis meses é mais difícil. Aos dez muito mais. Aos dois anos isso requer um longo tempo de trabalho, mas ainda há bastantes possibilidades de consegui-lo. Aos seis é bastante incerto. [62]

Entretanto, é importante ressaltar que uma intervenção realizada precocemente, apesar de levar em conta a idade cronológica e a maturidade biológica, não é determinada somente por estes fatores. Do ponto de vista da psicanálise, toda intervenção será precoce uma vez realizada "a tempo", oportunamente. Isso porque a cada etapa da vida o sujeito pode questionar a história de sua origem, querer refazer os vínculos com a trama de significações na qual está inserido, e mudar seu destino. Nesse sentido, um analista pode ser aí convocado por este sujeito a apontar os entraves de sua constituição subjetiva, a tempo de poder se desembaraçar destes.

No caso dos neonatos, prematuros ou não, em que se apresente uma dificuldade no estabelecimento de um vínculo com pais, familiares e profissionais que zelam pelo seu bem-estar e sobrevivência, o "a tempo" diz respeito tanto àquele que está nos primórdios de sua constituição quanto aos pais que por ventura se vejam impossibilitados de acolher o seu bebê. Melhor dizendo, a intervenção incide sobre aquilo que no vínculo entre o bebê e o entorno se apresenta não simbolizado discursivamente, não articulado: o lugar de inscrição no corpo do bebê dos significantes parentais que dizem respeito ao modo como foi desejado

[62] Coriat, 1997, p. 270.

Se a presença do analista pode ter algum efeito sobre o destino dos que estão vindo ao mundo ou estão lutando para permanecer nele, não é por funcionar como substituto dos pais ou dos profissionais que estão envolvidos nos cuidados com os bebês. Como nos indica Catherine Mathelin, em *O Sorriso de Gioconda*, o analista intervém frente ao bebê e aos pais através de uma ação conjunta com a equipe, em que o importante é, além de salvar a vida do bebê, salvar nele "seu desejo de viver e a capacidade de amar dos pais"[63], reforçando o seu vínculo com a vida. O analista, neste trabalho conjunto, pode e deve sustentar um investimento que aponte para o bebê um lugar no mundo, reforçando a pulsão de vida e não a dependência em relação a um outro.

Acompanhamos o esforço de toda a equipe da UTI do HUAP na luta pela vida dos nenonatos em risco e em sofrimento. Sabemos da importância dos aparelhos, dos medicamentos e dos procedimentos para a sobrevivência. Mas a vida de um bebê implica em outras ações fundamentais: é pelo olhar, pela voz e pelo contato físico que se transmite os elementos significantes que irão marcar um lugar de distinção no mundo, principalmente na vida daqueles que o conceberam. No caso da UTI neonatal, é importante um olhar interessado, não somente na preservação das funções vitais, mas também atento às manifestações do bebê que sinalizem algum sofrimento psíquico (tal como ausência de dor, hipotonia, por exemplo). Os aparelhos não falam, mas os profissionais que os operam, sim. Falam do bebê, falam com o bebê, falam com os pais criando um lugar na vida para o *infans* que ele é, e para que possa advir na fala ulteriormente.

É comum nos depararmos com pais profundamente angustiados, desnorteados, desamparados e até mesmo melancolizados. Afinal, mesmo que uma gravidez seja levada a termo, nunca se está totalmente preparado para a vinda de uma criança até então somente imaginada e idealizada. Além disso, o nascimento de um filho atualiza nos pais a imagem que têm deles mesmos como filhos. Como o bebê sonhado nunca é igual àquele que se tem nos braços, ocorre uma perda nesta imagem idealizada que nem todos os pais têm condições de suportar ou simbolizar. Há casos de pais

[63] MATHELIN, C. *Clínica psicanalítica com os bebês prematuros*. In: *O sorriso de Gioconda*. Rio de Janeiro: Editora Companhia de Freud, 1999, p. 22.

que abandonam e rejeitam seus bebês, da mesma forma que, como filhos, se sentiram abandonados e rejeitados.

Mesmo quando nos deparamos com casos em que os bebês ficam privados do carinho e da presença dos pais, há que se apostar na inscrição de um desejo, ainda que esta tenha que ser construída. Há pais que não querem seus bebês, mas quiseram alguma coisa ao concebê-los.

Antes de existir o desejo pelo filho, há o desejo que lhe deu origem, fruto do desejo de um homem por uma mulher e de uma mulher por um homem. É este desejo que a mãe transmite através de seu amor. Este é o vínculo mais importante a ser reforçado: o vínculo com o desejo. Dar a um filho um lugar no encadeamento discursivo é o que o permite se ligar à vida. Por isso é importante ajudar os pais a localizar em suas histórias, onde o desejo se extraviou, onde o vínculo com o desejo se rompeu.

O apoio aos pais é essencial num trabalho de intervenção psicanalítica na UTI. Este apoio não se fundamenta em nenhum programa estimulante que consista numa lista de procedimentos elaborados por médicos e psicólogos, a serem seguidos passo a passo pelos pais até uma certa idade para garantir ao seu filho um pleno desenvolvimento de suas capacidades motoras e intelectuais. O afeto que neste tipo de programa os pais são instruídos a demonstrar não pode ser oferecido de maneira mecânica, pois não se trata de um adestramento através de atitudes pré-concebidas. Trata-se de estimular os pais a acreditarem que podem construir um vínculo com os filhos, a partir de um saber próprio que advém de suas próprias histórias. E é isso que funciona como estímulo para aquele que está no começo da vida, o bebê.

Numa intervenção precoce, ou a tempo, o principal instrumento é a escuta, pois há que se resgatar o lugar de inscrição do bebê no discurso parental que o precede. O amor que os pais dedicam ao filho, nascido ou que ainda virá, tem a ver com o modo como eles próprios, na condição de filhos, se sentiram amados.

Foi justamente através das entrevistas mencionadas no início deste capítulo que percebemos como este tipo de "estímulo" é exercido e, intuitivamente, incluído numa rotina, a princípio destinada a salvar a vida do neonato, e zelar por suas condições de saúde.

Ouvimos de técnicas de enfermagem muitas explicações sobre o tipo de suporte que costumam dar às mães para que nelas seja fortalecido o laço com seus bebês, mesmo no desconhecimento do que isso, de fato, significa. Algumas técnicas, ao referirem-se ao papel que exercem, para além da rotina de procedimentos da UTI, preferiram utilizar a expressão "tia canguru", sob a argumentação de que não se vêm como mães substitutas.

Nelas notamos também uma grande preocupação com as condições psíquicas da mãe. Paralelamente à rotina com o bebê, em que se prioriza suas necessidades imediatas reais, procuram se disponibilizar para escutar as demandas, as alegrias, as tristezas da mãe em relação ao bebê. Para elas, estimular o bebê implica em estimular também a mãe, desde ensinar os cuidados básicos até as explicações acerca dos procedimentos médicos, para que nela se fortaleça o investimento amoroso no filho.

É preciso ressaltar que o tipo de formação que possuem e a responsabilidade própria de sua função, abre espaço para que estas profissionais se vejam mais próximas e mais identificadas com as mães por elas estimuladas e apoiadas. Durante uma entrevista, deu-se um relato emocionado, em que um episódio envolvendo a morte de um bebê provocou um grande abalo em duas técnicas que dele cuidaram. As razões para tal abalo, segundo seus depoimentos, não estariam relacionadas exatamente com a não sobrevivência do bebê, mas com a impossibilidade de atender ao pedido da mãe quanto a segurá-lo no colo, única chance de se sentir mãe: "Eu só queria saber, sentir como é ser mãe", dissera-lhes a mãe da criança. Como o bebê se encontrava num estado muito grave, não puderam, por motivo de procedimento médico, atender ao pedido desta mãe. A partir de então, passaram a considerar relevante escutar as demandas que lhes eram dirigidas, o que as mães diziam de seus bebês, considerando os possíveis benefícios para elas e mudanças no destino dos bebês .

O relato mencionado ilustra bem uma situação em que poderíamos nos perguntar acerca da contribuição de uma intervenção psicanalítica numa UTI neonatal. Certamente estas profissionais perceberam alguma dificuldade do lado da mãe em questão. O seu histórico, com vários abortos, assim o indicava. Por mais simplório que possa parecer, para ela, sentir-se mãe era sentir o bebê em seus braços. O elemento que não pôde ser elaborado foi a morte, presente no histórico materno, e que rondava a criança. Escutar a mãe é fundamental. No entanto, nem sempre é possível reverter o quadro a favor da vida e sobrevivência do neonato. Atender ou não a uma demanda materna nem sempre é o mais importante. De qualquer modo, negar a morte não resulta em benefícios, nem para o bebê nem para a mãe ou para a equipe. No caso mencionado, o que o depoimento das técnicas de enfermagem indicam é que há um luto que não pôde ser feito, tanto por parte da mãe, que seria o de se questionar sobre a sua posição na história das sucessivas perdas de seus bebês, quanto por parte da equipe hospitalar, sobre a insistência numa missão que já se sabia inviável: salvar o bebê em detrimento do pedido de uma mãe em sofrimento.

Mesmo se interrogando sobre outra vicissitude possível nas falas das técnicas de enfermagem, compareceu uma questão hoje muito discutida: até que ponto vale a pena manter, por tão longo tempo e sob uma rotina dolorosa e sofrida, bebês praticamente sem nenhuma chance de sobrevida? Recentemente, foi publicada no Jornal do Brasil uma notícia a respeito de uma decisão da justiça britânica de negar o procedimento de reanimação a um bebê em estado terminal. A Corte Suprema concedeu aos médicos o direito de se recusarem a realizar uma ventilação mecânica no bebê, caso ele voltasse a deixar de respirar. A justificativa dada para tal decisão foi a de que o bebê se tornaria um dependente de ressuscitamento. Não era este o desejo da mãe, mas a juíza que julgou o caso argumentou que a máquina afastaria o bebê do contato com sua mãe, único motivo para mantê-lo vivo.

Caberia fazer um apontamento, que pode instruir analistas no trabalho com equipe hospitalar, bebês e pais, e que está presente em nossas investigações. Em casos como esse acima citado e tantos outros em que o desejo da mãe não está em concordância com o que a equipe médica prioriza para o bebê, é importante que, em qualquer decisão no tocante a manutenção ou não de procedimentos para a sobrevivência do neonato, seja considerado o que está em jogo no desejo da mãe. Seria indicado que a mãe fosse escutada em sua relação à sua insistência em prolongar a vida do bebê, já tão comprometida. Não se trata apenas de abreviar o sofrimento do bebê, mas de devolver à mãe o que poderia fazê-la se interrogar sobre seu apelo (o de manter a ventilação mecânica): há um luto necessário a ser feito. Ao desligar a máquina, a mãe se vê desligada de seu bebê, e a equipe do seu ideal de salvar vidas.

IV.1.1.e. Recaptulando...

A intervenção analítica visa as relações do sujeito com a linguagem, isto é, os efeitos da presença do inconsciente, privilegiando a noção de anterioridade. Esta noção diz respeito à condição estrutural de que o bebê, para se ligar à vida e advir como sujeito, necessita do investimento desejante do Outro. Este Outro é primordial, podendo ser sustentado pela mãe ou por um cuidador – como é o caso dos bebês prematuros internados nesta U.I. Portanto, o sujeito nasce primeiro no campo do Outro, antecipado. O sujeito, desde sua entrada no mundo, é marcado pelo desacerto temporal. A criança nasce inacabada. Ela é marcada por um atraso em sua maturação biológica, prematuração fisiológica e prematuridade psíquica. Essa hiância oferece o espaço para que o sujeito possa advir. O ser vivo separa- se do organismo a partir deste desacerto inicial que é a prematuração do humano.

Assim, a entrada na existência se dá por meio de um corte o qual, por sua vez, delimita o campo orgânico e fisiológico, inserindo um funcionamento psíquico. O nascimento e, mais tarde, o desmame fazem a criança ultrapassar sua base biológica. A antecipação frente à prematuração fundamental oferece as condições para que uma instância subjetiva se instaure. Assim, o que está em jogo na intervenção analítica é possibilitar a chegada do novo, quando, sobreposto à prematuração do nascimento, incide a prematuridade cronológica.

Particularmente no trabalho com bebês de alto risco de vida, em que a intervenção médica é necessária para assegurar a sobrevivência biológica do bebê, a prematuridade imprime a presença irredutível de um outro. Imprime a urgência de uma sustentação imaginária daquele que cuida, pois é no agir sobre o bebê que se inscreverá algo da pré-história de um sujeito. Apesar de todas as adversidades que são encontradas em uma U.I. neonatal, Lacan nos ensina que o imaginário sustenta a operação simbólica que antecede qualquer sujeito, antecipando seu tempo na estruturação subjetiva. A antecipação de um tempo é o motor que viabiliza movimento em relação a um estado puramente passivo em que se encontram os bebês.

A intervenção analítica com prematuros é considerada a tempo, pois visamos garantir as condições para que o bebê não somente sobreviva biologicamente, mas também possa nascer como sujeito. É preciso esclarecer que, para a constituição psíquica se instaurar, é preciso que se encontre, do lado do Outro, um acolhimento. A criança, antes de chegar ao mundo, já está em relação com o Outro da linguagem. Dele, a criança recebe as bases de um desejo que lhe é endereçado antes mesmo de interagir com sua realidade. Estas bases são representadas primeiramente pelos pais, que antecipam a vinda de um bebê através de suas expectativas, dos seus desejos. O recém-nascido testemunha sua própria captura simbólica dada a prematuridade do ponto de vista subjetivo, além da insuficiência orgânica ao nascer. Do lado dos pais se revela também uma prematuridade ao terem que lidar com o descompasso entre o bebê esperado e o bebê que efetivamente se apresenta, e de modo muito mais acentuado no caso de bebês com alto risco de vida.

IV.2. Os possíveis de nossa internação no HUAP

IV.2.1.a. Entrevistas no Hospital Universitário Antônio Pedro

As entrevistas realizadas pela equipe de psicanalistas no H.U.A.P.[64] visaram recolher da experiência de médicos, enfermeiros e mães, algo que nos ensinasse sobre os questionamentos, apelos e apostas numa situação em que a prematuridade faz báscula, por incidir em um campo onde o limite entre a vida e a morte, por vezes, é tênue. O que pudemos recolher, não só nas entrevistas como também nas visitas semanais realizadas na U.T.I. e U.I., tem nos servido de orientação quanto à direção desta pesquisa. A escolha por entrevistas está em consonância com o que se visa numa intervenção analítica, ou seja, veicular o dispositivo da fala com o ensejo de dar voz ao que muitas vezes fica adormecido em uma rotina de trabalho na U.T.I.

---

[64] As entrevistas foram realizadas com o consentimento do conselho de ética do H.U.A.P., preservando-se a identidade dos entrevistados.

O que podemos recolher nestas entrevistas diz respeito ao desamparo em que mães, equipe de técnicos e, por vezes, o próprio corpo médico encontram-se no que diz respeito ao vínculo com a vida, ou seja, o que liga estes bebês no elo com suas mães. Em outras palavras, aquilo que é "necessário" para que um bebê, na constituição de seu aparelho psíquico, possa sustentar-se em um lugar no laço materno.

Tanto a equipe de médicos quanto a equipe técnica tem uma breve noção, diríamos quase leiga, sobre a constituição do aparelho psíquico. Há uma idéia muito generalizada da relação mãe e filho. Em algumas entrevistas, fica clara a idéia de que o vínculo entre mãe e filho dar-se-ia a despeito de todas as contingências daquele momento; acredita-se que o vínculo materno é intrínseco a uma mulher gestar um bebê.

Este desconhecimento tem também seus efeitos nos critérios médicos no momento da alta, tais como: estado geral, peso, condições de alimentação etc... Ao passo que, para além de um quadro clínico e orgânico favorável, a alta médica poderia também incluir, no que é denominado estado geral, um parecer que levasse em conta questões subjetivas, pois não podemos confundir função fisiológica com atividade psíquica. Considerar relevante a subjetividade da mãe no momento da alta médica é admitir tanto a preexistência de uma instância em que o desenvolvimento do bebê não se reduz à maturação biológica, quanto considerar as formações do inconsciente no lugar que lhe é devido: no discurso das mães, e no acolhimento das mesmas, o suporte que possibilitará lhes sustentar. Situamos casos de bebês que obtiveram alta médica e retornaram à U.I. "inexplicavelmente". Neste relato, o bebê recebeu alta médica e, no entanto, não foi liberado. Citamos o relato da mãe:

> É por causa destas apnéias que ela estava fazendo. Graças a esta intervenção, ela (bebê) não foi para casa. Ela teve uma luz e não deixou a gente ir embora. Ela (bebê) já tinha recebido alta, mas não estava pegando no peito. Se eu estivesse em casa não sei o que iria fazer. Diante desta outra alta, eu estou ansiosa. Mas agora, eu estou firme, estou consciente que ela está boa. Muito melhor do que estava. Antes, eu fiquei com medo, não sei socorrer. Coisa que ela não fazia era chorar, agora abre o berreiro. Agora dá sinais de que está boa mesmo.

Nas condições em que a alta médica foi sugerida, destacamos que, através da intervenção analítica, na escuta da angústia desta mãe que estava paralisada frente à angústia e impedida de acolher seu bebê, a intervenção analítica apontou para o lugar onde o sujeito estava impedido de avançar.

O que podemos extrair deste relato diz respeito à prematuridade psíquica não só deste, mas de todo bebê, e da prematuridade desta mãe que não reconhecia sinais de que seu bebê estava bem. A prematuridade materna, ou seja, mães que não estão preparadas para enfrentar as dificuldades de um puerpério atribulado, precisa ser levada em consideração pela equipe hospitalar no momento da alta, porque o que faz liga entre uma mãe e seu bebê é o fato dela se ver indispensável no que diz respeito à manutenção do que é vital para o bebê. A estada em uma U.I. pode retardar ou impedir que o sentimento de pertencimento se constitua para a mãe. Questionada sobre o acesso aos cuidados com o bebê uma mãe diz: "Ontem, eu troquei a fralda uma vez, mas hoje não deixaram. É melhor elas (enfermeiras) trocarem. Eu fico nervosa, tem muitos fios, eu tenho medo de machucar, nem coloco a mão." O que pretendemos ressaltar é que o fato de ser afastada de seu bebê, dado aos cuidados necessários à prematuridade, justamente no momento em que se esperava uma acolhida para ambos, pode ter repercussão no que diz respeito ao tempo de constituição da "adoção" de uma mãe por seu bebê. O termo adoção é desprovido dos encargos jurídicos e legais. A adoção de que se trata aqui é o movimento de enlace, de ofertar um lugar que aconchegue o bebê nas palavras e intenções de sua mãe. Todo bebê precisa ser adotado, seja ele filho biológico ou não, adotado simbolicamente. O desconhecimento acerca do que está em jogo neste momento de alta desvela o desamparo desta mãe, quando ela efetivamente tem de levar seu bebê para casa. Frente à segunda alta ela diz: "agora eu estou firme"; o que fez com que houvesse uma intervenção analítica na suspensão da alta foi o fato de o bebê estar "muito apático" e não apresentar o "vigor" de um bebê na amamentação. Clinicamente ele estava apto para receber alta médica, mas sua mãe ainda não tinha a "firmeza" para adotá-lo.

A entrevista com uma jovem mãe nos chamou a atenção pelo aspecto de uma prematuridade que se apresentava de modo radical. O nascimento de seu filho fez com que ela revivesse lembranças traumáticas de seu próprio nascimento. Algo que estava "esquecido", mas, ao mesmo tempo, sempre presente, ressurge e dificulta que ela estabeleça um vínculo afetivo com seu bebê. Ela relata um segredo familiar revelado na sua adolescência com o intuito de que a "verdade" não ficasse escondida; "que seu pai queria vendê-la quando nasceu." A revelação desta verdade que a inclui como objeto de troca é motivo de muita raiva, sustentada silenciosamente por ela com a seguinte afirmação:"não tenho nada a dizer para ele, só raiva". Conta-nos, ainda, que, ao saber da gravidez sentiu muita raiva de si. Quando perguntamos da relação com a equipe hospitalar ela diz: "tenho raiva de uma enfermeira, pois pedi para que ela *consertasse o bebê* na incubadora e ela fingiu não me ouvir. Fiquei com raiva."

O que podemos articular deste fragmento clínico nos indica que esta jovem mãe está comprometida com "a verdade" a respeito de seu próprio nascimento que, por não ter sido elaborada, a faz refém de seu passado. Ela cuida de seu bebê observando seu peso, anotando a prescrição médica, tentando consertá-lo. É do bem-estar físico que ela se ocupa. Mas o que realmente importa, ou seja, o vínculo de acolhimento, ela não consegue estabelecer. Ela se vincula pela raiva. A escuta analítica de seu comprometimento nos indica que ela necessita de um incentivo e de orientação para que um vínculo amoroso possa surgir dando lugar a um acolhimento em que ela se inclua.

Um outro fato interessante na gravidez desta jovem é que ela só pôde reconhecer que estava grávida aos quatro meses de gestação. Como é possível constatar em seu relato: "Eu estava com quatro meses e não percebia. Parecia que tinha um ovo na minha barriga." O desconhecimento acerca do óbvio diz respeito à alienação em relação a sua própria imagem, na recusa em reconhecer a gravidez e na inusitada designação "ovo", que ela confere ao bebê. Na verdade, o tempo entre o reconhecimento da gestação e o nascimento do bebê é de dois meses, pois o bebê nasceu com uma prematuridade extrema.

Quando há dificuldades no estabelecimento do vínculo materno, dado às circunstâncias de uma internação, é a experiência prática com os cuidados diários que pode possibilitar à mãe construir e sustentar uma exclusividade que a fisga numa relação de quase onipotência com seu bebê. Assim, o investimento que faz no bebê retorna para ela e lhe sustenta um lugar, o que pode ser verificado da fala da jovem mãe: "Eu ainda não troquei a fralda, toda a parte de higiene são elas que fazem. Mas eu vou lá, faço carinho nele. Isto é o mais importante. Eu tenho vontade de fazer tudo com ele, principalmente levar ele daqui."

Citamos o relato de uma enfermeira: "a gente vê, quando os pais vêm sempre, os bebês têm um caminho mais rápido. Quando são abandonadinhos, a gente vê no rostinho que a criança não é lutadora." A clínica neonatal é de extrema sutileza, portanto, para além dos cuidados clínicos, a alta médica poderia levar em consideração a passagem deste vínculo de acolhimento.

O importante é que se compreenda: o valor de um filho para sua mãe é o que vai marcá-lo por toda sua vida. O tempo da construção deste vínculo, em condições por vezes adversas, inclui esta primeira mensagem que uma mãe envia a seu bebê e é decisiva para o seu futuro. Manter o que é vital para sustentar a vida requer que, no suprir das necessidades e nos cuidados cotidianos, se articule a possibilidade de uma inscrição de desejo, um voto ao sujeito, condição de possibilidade de um vir-a-ser.

O vínculo de um bebê que permanece por muitos meses em uma U.I ou na U.T.I. também se estabelece com os profissionais que dele se ocupam. Ocasionalmente, intenções no que se refere à adoção são manifestas, dificultando o luto a ser feito pela equipe quando o bebê está numa situação de abandono temporário ou permanente e é entregue a uma instituição para adoção. Na verdade, o vínculo mãe-bebê por vezes só se constitui quando a equipe de enfermagem se "retira", dando lugar à mãe para que ela possa construir um saber sobre seu bebê. E, efetivamente, no que diz respeito à enfermagem, estas incluem em sua rotina intervenções, as quais desconhecem o significado, mas que, no entanto, contribuem para o fortalecimento do laço da mãe com o seu bebê.

Sabemos que a prematuridade do neonato, associada a possíveis complicações nas funções orgânicas, requer que ele seja tomado por cuidados especiais, monitoramentos e observações minuciosas expondo sua inconstituição e dependência de um Outro. As técnicas e procedimentos médicos só se diferenciam quando, para além do que é aplicado, há algo de cada um que se impõem numa rotina hospitalar. Ressaltamos a importância de se reconhecer que o trabalho na U.T.I. com bebês de risco implica a singularidade de lidar com aqueles que não têm o recurso simbólico constituído, e que sofrem da dor física de difícil mensurabilidade. Esta especificidade imprime uma rotina hospitalar que não pode se restringir aos cuidados com o orgânico, porque a fala endereçada ao bebê no cuidado com seu corpo, nas perfurações necessárias e nos procedimentos de rotina inauguram o campo subjetivo. Acolher o bebê com palavras é fundar o que vai mediar todas as sensações, dolorosas ou não, a que ele está submetido. É poder reconhecer que mesmo sem o recurso da palavra – que ele ainda não porta –, o que vai promover o acesso a esta mesma palavra e, portanto, ao simbólico, é o fato de ter sido investido pela palavra de quem ele está sob o cuidado, ou seja, as palavras tocam o bebê.

O choro tal como o grito de um bebê são manifestações que representam o fluxo vital do ser humano. Estes ganham atributos diferenciais dependendo da interpretação de quem os acolhe. A transformação do grito da necessidade em apelo supõe demanda em um sujeito por vir, ou seja, além da manutenção das necessidades à estruturação do aparelho psíquico é efeito desta operação em que o sentido atribuído ao grito é antecipação de um voto de sujeito.

Destacamos a fala de uma enfermeira: "Assim como lavar as mãos é importante, conversar e falar com os bebês também é. Nossa cultura não é essa. A nossa cultura é: vamos fazer rápido e bem, mas rápido." Que conseqüências podem ter para o bebê ser manuseado só com técnica e rápido? A reanimação em neonatologia imprime uma temporalidade em que a urgência nos procedimentos invasivos no manuseio do corpo do bebê, tais como entubação, punção, curetagem e outros requer da equipe hospitalar extrema precisão, pois o excesso de manipulação é extremamente estressante para o bebê, devido à imaturidade anatômica de seu sistema piramidal. A regulação essencial à manutenção da vida de um bebê registra passivamente a diferença dos estados do organismo, em que tensão e apaziguamento se alternam.

Ressaltamos a fala de uma enfermeira que tomou como enigma o fato de que um bebê, apesar de não ter deficiência visual, não a olhava: "Ele ficava com o olhar perdido. Ele tinha um cansaço. Eu percebia que se eu desse um tempo, ele ia se recompondo. Eu me utilizava da técnica, mas eu respeitava seu tempo. Porque técnica é fácil. Qual a diferença entre as pessoas, são as técnicas ou o pessoal de cada um?". O fato de não se ver olhada convocou esta enfermeira a uma aposta que se mostrou decisiva, porque ela antecipa, na sua inquietação e no seu questionamento, que este *olhar perdido* não a inclui. O não se ver sendo vista lhe causa um enigma, daí relata: "Muitas vezes eu instalei a sonda (por precaução) e não a utilizei por conta na aposta, no investimento. Eu fui recebendo respostas e a mais determinante foi o olhar." Esta enfermeira imprime uma temporalidade na rotina que inclui a singularidade deste bebê. Ela reconhece que somente técnicas e procedimentos são insuficientes para animar este bebê e mantê-lo ligado à vida. Ela diz: "se nem na hora da dieta eu não colocar o bebê no colo, eu não vejo oportunidade para ele, não vejo chance."

A primeira marca simbólica ofertada pelos pais ao bebê é sua nominação. Esta se dá, por meio de um traço significante. No nome ofertado há sempre um voto em jogo, uma intenção. A nominação tem um caráter de atribuição, pois insere o bebê numa genealogia, o inclui na rede familiar mesmo quando este nome traz a especificidade de perpetuar um traço de alguém que já faleceu. Mas o mais importante é que a nominação não é anônima. Porque a existência se sustenta pela via de uma intenção que é anterior ao nascimento, quando ele já é chamado pelo nome que lhe foi designado, tal como sugere o relato a seguir: "O nome Cauet, para mim já é de muito tempo, sempre tive vontade de colocar este nome. Eu imaginava o Cauet assim mesmo, lindo como ele é agora, imaginava ele um príncipe." Em outra entrevista: "O nome Ronaldo vem do meu tio que era meu padrinho e irmão da minha mãe. Ele faleceu. Eu gostava muito dele. Este tio era igual meu pai".

No início desta pesquisa, um fato chamou a atenção da equipe: os bebês eram chamados pelo nome de suas mães. Cito relato de uma enfermeira: "É para não haver confusão. É uma técnica usada em neonatologia. O bebê recebe o nome da mãe para identificá-lo. Não pode haver confusão com nomes iguais, nomes da moda." Outra enfermeira: "A criança não é registrada no hospital, quem interna é a mãe. Para o hospital ele não existe." Esta técnica subtrai a singularidade da nominação que deveria ser endereçada ao bebê, já que o nome é o primeiro dom a ser ofertado. A nominação pode ser um sopro de vida, pois singulariza a entonação impregnada de sentido que, por vezes, é anterior ao nascimento.

Na verdade, quando insistimos na prevalência da nominação estamos enfatizando o valor que esta singularidade imprime em situações em que o nascimento e a morte ainda se confundem. A nominação tem valor de convocação e de aposta; ela media, com a sonoridade que é peculiar a cada um, o que ainda é pura sensorialidade, mas já inscreve a possibilidade de um traço no psiquismo humano.

Há uma unanimidade na opinião das mães no que diz respeito às relações com enfermeiras e médicos, sobre a evolução do bebê, e nas informações acerca do que acontece diariamente na rotina hospitalar. Dizem elas: "Os médicos são excelentes, estão sempre prontos para dar explicações. O que pergunto eles falam sobre a evolução do bebê." Disponibilizar informações sobre a evolução do bebê é dar acesso à mãe, é um modo de sustentar o lugar que está referido a ela. O simples fato de ser informada sobre o que ocorre pode ajudar a desconstruir uma possível impotência de algumas mães, aproximando-as da real condição de seu bebê. "Para mim, tudo que estava ligado nele, os aparelhos, eu queria saber. Este é para ele respirar, este é para manter a temperatura. Tudo para a gente é novo. Eles não mentem. Falam que seu bebê é um bebê de risco."

O relato de uma enfermeira destaca a função daqueles que se ocupam com a assistência diária: "Costuma ser boa a forma de me comunicar com as mães. Presto atenção no nível de stress que é sempre muito grande. Elas também precisam de cuidados, são mães que estão sempre muito preocupadas e você tem de ter uma maneira muito especial de conversar com elas, falar numa linguagem que elas vão entender."

É de extrema importância que a equipe possa reconhecer que muitas vezes é ela quem poderá dar acesso à entrada da mãe, garantindo que o vínculo se estabeleça. Antecipar informações e procedimentos realizados no bebê pode re-situar a mãe no vínculo materno.

Notamos o quanto a equipe hospitalar reconhece o valor da rotina e dos procedimentos que vetorizam a atenção nos efeitos e conseqüências no psiquismo do neonato. A rotina hospitalar imprime um tempo estruturante, pois estabelece a noção de seriação que será sempre diferente, pois a cada repetição da rotina algo de novo será experenciado pelo bebê. A repetição permite que uma série seja possível, estabelecendo uma "tensão" para o bebê entre o mesmo e o diferente. Nesta ordenação, sempre inscrita de modo distinta, fundamenta-se a cadeia significante, suporte do funcionamento psíquico.

Na passagem dos plantões médicos, além das intercorrências diárias, observamos que fatos que podem ser relevantes às vezes não são transmitidos ao próximo plantonista. Citamos relato de uma médica: "É correria mesmo. Prejudica porque às vezes só passamos as intercorrências, deixamos de falar coisas de fato importantes." O que enfatizamos é que a observação de cada plantonista é diferenciada. Para além dos monitoramentos e checagens, o olhar de cada um é particularizado, podendo transmitir ao colega do próximo plantão algo que tenha sido notado; uma reação, um olhar, um sugar mais vigoroso, pode ser fundamental na recuperação do bebê, pois imprime um olhar a mais, um voto ao sujeito.

Através destas entrevistas pudemos confirmar o que pensamos ser fundamental, que é a importância de se estabelecer um laço entre os profissionais da equipe em prol da vida pelo viés da palavra. Neste laço, cada profissional tem sua função e seu lugar. Escutamos em algumas entrevistas a expectativa por uma U.T.I. humanizada. A humanização está no fato de cada neonato ser tratado na sua singularidade, que o ofertado não seja anônimo e que a palavra, essencialmente humana, possa ter seu devido lugar.

IV.3. Um caso clínico: Aquilys

> "Existe muito mais ligação entre a vida intra-uterina
> e a vida extra-uterina que a cesura do nascimento
> pode nos fazer crer".
> Sigmund Freud – *A Interpretação dos Sonhos*

Meu nome é Aquilys. Isto mesmo, igual ao herói da Guerra de Tróia! Foi durante este filme que minha mãe se encantou com o nome, e perguntou ao meu pai o que ele achava de Aquiles para meu nome. Creio que ele gostou, porque assim que nasci, logo fui nomeado. Tem uma peculiaridade, é claro: meu pai, ao me registrar, resolveu fazer uma surpresa e uma homenagem à minha mãe, Rosemary, e trocou o "e" por um "y" igual ao de Rosemary. Achei bonito da parte dele, mas terei mais dificuldade na hora da alfabetização, já que esta letra não faz parte do nosso alfabeto. Aqui, na UTI neonatal do HUAP onde estou, tem uma porção de bebês que, como eu, carregam em seus nomes estas letras estranhas: Tyffany, Kathrin, Rosyele, Rayma, Kauã, etc.

Estou bem, apesar destes apitos da minha incubadeira, dos fios e espetadelas que levo a todo momento. Nasci pequenininho, com 990 g., no dia 15 de maio deste ano. Acho que me antecipei, mas o útero da minha mãe não suportou nem este pouco peso que é o meu. Ela teve que fazer cerclagem no útero, mas mesmo assim, após 27 semanas de sombra e água fresca, vim ao mundo.

Dizem estas pessoas aqui em volta que nasci bem, meu parto foi natural, mas por não ter chorado ao nascer, fizeram uma tal ventilação. Apesar disso, sempre estive hidratado, corado, acianótico, ativo e reativo.

Agora vem a melhor parte. Mamãe chegou para me visitar! Ela vem todos os dias e fica aqui me namorando, acaricia meu corpo, segura minha mão e me chama de Quiqui! Fico encantado com aquela voz que me é tão conhecida há meses... Meu pai vem também, mas como ele tem que trabalhar muito, só pode vir de vez em quando. Parece que nós moramos um pouco longe daqui. Meus irmãos (são filhos só do papai) já quiseram vir me ver, mas não são permitidas as visitas de outras pessoas aqui dentro; bem que eu gostaria de conhecê-los!

Ainda não posso mamar, mas escuto sempre umas conversas que minha mãe vai todos os dias ao banco de leite do hospital para tirar o leite e estimular a produção, para que assim que eu possa ser amamentado, ela ainda ter leite. Ela está ansiosa para esse dia chegar. Reclama um pouco que seu leite é pouquinho, mas deram um remédio de homeopatia para ver se consegue que o fluxo aumente.

Aqui em volta de mim as pessoas são muito simpáticas. Cantam, falam sobre suas vidas, as novelas que vêem e trabalham o tempo todo. Há uma novidade de uns tempos pra cá: umas pessoas que estão sempre observando tudo e todos. Elas anotam em cadernetas nossos nomes, peso, tipos de parto, e ficam impressionadas com os procedimentos necessários para bebês do nosso tamanho. É engraçado como se preocupam com nossos nomes! Sempre que as enfermeiras esquecem de escrevê-los no quadrinho que identifica nossa incubadeira elas se apressam em procurar nossas mães para saber o porquê de não estarmos nomeados. Conversam muito com elas, pois na maior parte das vezes estão tristes e preocupadas conosco.

Bem, hoje é o 20°. dia após meu nascimento e vão me mudar de lugar. Saio daqui da UTI e me levam para a UI. Já estou com 1160 g.! Daqui a pouco meus pais terão permissão para me pegar no colo. É só me livrarem destes fios e vai ser uma festa![65]

Aquilys é mais um dos bebês a quem viemos observando nestes 3 últimos anos de pesquisa no HUAP. Nascido com 990 g., necessitado de muitos cuidados e aparelhos devido sua extrema prematuridade, nunca deixou de ter a presença de sua mãe diariamente a seu lado.

Rosemary está com 40 anos e teve outras três gestações, todas terminando em abortos espontâneos, daí a necessidade da cerclagem de seu útero. Há dez anos tenta ter um bebê com o apoio de seu marido, apesar de ele já ter dois filhos de um casamento anterior. Ela trabalha numa Viação e está de licença maternidade; seu marido, Birajara, tem 42 anos, é pedreiro autônomo. Ambos estão muito preocupados com quem deixar Aquilys quando Rosemary tiver que voltar ao trabalho. Ela pensa em deixar de trabalhar por um tempo, para melhor atender a seu bebê tão esperado. Não se cansa de ir ao Hospital diariamente, sempre na espectativa de que Aquilys tenha ganho peso e possa começar a ser amamentado.

É justamente disto, deste desejo inconsciente do Outro, que a Psicanálise revela a base da estrutura do aparelho psíquico de um ser humano. O desejo é fundante de toda relação humana, por isso não basta uma mãe estar presente para dar conta somente das necessidades de seu filho. É preciso que aquele que ali está, pronto a se dar, perceba que algo lhe é endereçado para enganchar-se no que lhe é dito. Estas manifestações do bebê e o efeito delas no Outro é que estabelecem as primeiras relações, condição para que ele perceba que faz parte deste mundo.

O humano é o único ser vivo que não dispõe de recursos destinados à adaptação à natureza. Diferente dos animais, o seu nascimento não oferece

---

[65] Este relato é verídico. Foi narrado pela mãe do bebê acima descrito.

uma situação que garanta sua sobrevivência. Sendo assim, o bebê humano é sempre um bebê prematuro frente às necessidades impostas por sua relação com o mundo. Para sua sobrevivência ele vai depender de um semelhante que dele se ocupe, um Outro assujeitado a um lugar na cultura, conseqüentemente, na linguagem. É a partir do sentido que o outro venha a lhe oferecer que o bebê vai tomar para si o funcionamento orgânico do que ainda não é o seu corpo. Por isso, aquele que do bebê se ocupa e nele investe sua aposta de desejo, no sentido de reconhecê-lo como capaz de vir a falar, porta o instrumento suficiente para o acontecimento que é o nascimento do sujeito no simbólico. Uma criança é, antes de sua concepção, na melhor das hipóteses, virtualidade de um futuro ser no campo do desejo dos seus pais. Fala-se dela antes mesmo da sua concepção, e para que esta se dê, é preciso que haja para além da simples relação sexual, a conjunção do desejo de seus pais, constituindo então o campo do Outro, campo simbólico da fala e da linguagem.

O bebê que ao nascer é colocado em uma incubadora numa UTI, é privado da voz e do aconchego materno. Submetido à presença sistemática do barulho de aparelhos, de vozes e procedimentos, muitos deles dolorosos, alguns desenvolvem apatia e hipotonia em internações longas. O bebê que vai para a UTI se submeterá, certamente, a todos os tipos de vicissitudes, tais como rejeições, recusas e abandonos, se tornando muitas vezes apenas um corpo tomado em sua fisiologia ao longo do tratamento. Foi necessário que nossa equipe transmitisse não só às mães, mas também à enfermagem, o investimento libidinal necessário a cada um, presentes no olhar, voz, toque, para que dali advenha vida num ser imerso em uma situação inóspita e fria como a UTI.

É fundamental, para surgir um desejo de viver no bebê, que ele receba de sua mãe, além do aconchego, do aleitamento e dos cuidados de higiene, um lugar significante na articulação de seu desejo. É a partir do olhar estruturante deste Outro materno que se estabelecem os primeiros vínculos do bebê com o mundo externo. Na medida que alguém se ocupa do futuro sujeito, faz uma leitura de suas manifestações utilizando-se de elementos significantes próprios, de toda uma operação de registros que é a sua, construindo assim uma estrutura que será capturada pelo bebê, fundando a base para seu aparelho psíquico – a verdade enigmática sobre seu desejo –, o Inconsciente.

A partir de seus significantes, a mãe faz imaginariamente uma escolha antecipada do que está por vir. É o Narcisismo da mãe que vem à tona, recobrindo seu bebê de atributos, como já dizia Freud com sua expressão de "sua Majestade, o bebê"[66], para falar do lugar do investimento.

Uma mãe precisa estar investida do saber que a maternidade lhe dá após o nascimento de seu bebê, ou seja, pegá-lo em seus braços, apoderar-se de seu corpo. Ao invés disso, quando seu filho lhe é negado em função de cuidados médicos, muitas vezes toma essa negativa para si como fracasso, como auto-acusação; às vezes se acha incapaz de tocá-lo, até mesmo de vê-lo, como se preferisse não se apegar àquele que corre risco de vida dentro da UTI. Ele só lhe dirá respeito fora da incubadora, fora da UTI.

O bebê nasce com algumas atividades motoras inteiramente reflexas, inclusive o choro. Assim, este choro é tomado como manifestação de apelo, que o agente provedor interpreta como demanda, respondendo com tentativa de apaziguamento. Algo da necessidade não é possível de ser apreendido na demanda; este resto inassimilável retornará como desejo.

Em *Nota sobre a criança*, Lacan nos diz:

> A função do resíduo exercida (e ao mesmo tempo mantida) pela família conjugal na evolução das sociedades destaca a irredutibilidade de uma transmissão que é de outra ordem que não a da vida segundo as satisfações das necessidades, mas é de uma constituição subjetiva, implicando a relação com um desejo que não seja anônimo. É por tal necessidade que se julgam as funções da mãe e do pai. Da mãe, na medida em que seus cuidados trazem a marca de um interesse particularizado, nem que seja por intermédio de suas próprias faltas. Do pai, já que seu nome é o vetor de uma encarnação da Lei no desejo.[67]

O destino de um bebê como futuro sujeito se escreverá nas marcas fundantes que vão imprimir sobre seu corpo, no real, os atos dos pais em

---

[66] FREUD, S. *Sobre o narcisismo (1914)*, Vol. XIV. In: Obras completas. Rio de Janeiro: Imago, p.108

[67] LACAN, J. *Outros Escritos*. Rio de Janeiro: Jorge Zahar Editor, 2003, p. 369.

relação a ele. Estes atos irão apresentar diferenças em função daquilo que significar para eles a imagem que vêem nesse objeto-bebê que eles têm diante de si.

Considerando as crianças que ao nascer vão direto para o UTI, este esperado desenvolvimento sofre um acidente traumático tanto para os bebês quanto para os pais. Sobre os efeitos que serão produzidos no futuro, nada podemos afirmar. O que nos cabe é tentar fazer do trauma sem palavras, pura pulsão de morte, outra coisa. Através de investimento libidinal nos bebês, entrevistas com os pais e enfermagem, tentamos colocar significante onde havia silêncio e apitos de tubos, para que esta experiência no futuro porte alguma possibilidade de simbolização.

V

PERSPECTIVAS

Na Escola Lacaniana de Psicanálise-RJ, a pesquisa em articulação com outros campos de saber já ultrapassa uma década. Se na pesquisa clínica realizada sobre os discursos a psicanálise tem sua via de ensino, o saber que ela questiona "não se interroga sobre a verdade da coisa (...) o saber, pode-se dizer, inversamente à nossa experiência, é o que falta à verdade."[68] Por isso, a psicanálise não se constitui como ciência senão enquanto ciência do inconsciente, isto é, ciência que não visa corrigir ou evitar o equívoco e o erro, mas fazer deles um objeto de investigação.

É em função dessa particularidade do ensino e transmissão da psicanálise que podemos dizer que a pesquisa nesse campo faz parte da formação de cada psicanalista, sendo o sujeito do inconsciente e as formações que ele promove – atos falhos, chistes, sintomas, etc. – o que a psicanálise visa nos discursos que comparecem através da fala. Se a fala é sintomática, em psicanálise não se trata tanto de curar, mas de levar cada paciente a dar-se conta de sua implicação no seu sofrimento.

Assim sendo, a pesquisa psicanalítica em sua articulação com os outros campos de saber, pretende lembrar, não só ao psicanalista, mas ao médico,

---

[68] LACAN, J. *O Seminário 16: de um Outro ao outro.* Rio de Janeiro: Jorge Zahar Editor, 2008, p. 205.

a estrutura da falha que existe entre demanda e desejo. A demanda, sendo aquilo que porta uma significação , não está aberta a todos os sentidos. Se o médico deve a ela responder, o psicanalista apenas a acolhe, utilizando-se dela para levar o sujeito a dar-se conta do desejo que a demanda encobre, e que faz o homem adoecer.

Assim, o campo de pesquisa clínica faz parte da formação psicanalítica, juntamente com a análise pessoal e os outros dispositivos que compõem essa formação.

A experiência deste trabalho interdisciplinar realizado nas UTI e UI do Hospital Universitário Antônio Pedro (Universidade Federal Fluminense – UFF), levou-nos a considerar e refletir sobre o impacto e, ao mesmo tempo, a necessidade da presença do discurso psicanalítico em um ambiente onde vigora o discurso médico (discurso do mestre) e o discurso universitário. Tanto o psicanalista quanto o médico teriam um trabalho de colaboração a realizar visando o pronto restabelecimento dos bebês. O encaminhamento de nossa pesquisa conjunta, além do contato sistemático com os bebês em incubadoras/berçário, enfatizou também aqueles com as equipes que deles se ocupavam e com os residentes que cumpriam o período de estágio nas unidades neonatais.

Nossa pesquisa pretendeu reanimar o discurso sobre e do paciente, para além do comprometimento orgânico que esse apresenta, provocando uma discussão teórico-clínica sobre os limites e a eficácia dos discursos médico, universitário e psicanalítico na direção da constituição do aparelho psíquico de cada bebê internado, dadas as condições adversas e de risco nas quais eles se encontram. Privilegiamos sessões clínicas mensais para discutirmos os casos que estavam apresentando dificuldades importantes no que tangia a um bom prognóstico, bem como realizamos palestras que enfocavam os problemas teóricos clínicos levantados nas ditas sessões conjuntas. As duas atividades estavam abertas a todo o corpo médico do hospital e às equipes de enfermagem, técnica, assistência social, fonoaudiologia e psicomotricidade.

É sabido que a Síndrome do hospitalismo, descrita pelo psicanalista húngaro René Spitz, logo após a Segunda Guerra Mundial, é um risco verdadeiro para os bebês internados por longos períodos na UI e UTI. A falta de investimento de amor também faz adoecer, e dificulta a recuperação orgânica e psíquica de qualquer humano, sobretudo em se tratando de bebês prematuros.

A experiência mostrou também a necessidade de realizarmos, mesmo que pontualmente, pequenas palestras com os pais e responsáveis. A finalidade desses encontros era promover um entendimento maior dos problemas, cuidados e soluções propostas para os bebês, bem como criar um ambiente de colaboração e questionamento entre todos, visando a recuperação dos pequeninos em situação de risco.

VI. Breve histórico das pesquisas na ELP-RJ

A pesquisa na Escola Lacaniana de Psicanálise – RJ vem se realizando desde 1998, na direção da extensão em psicanálise, nos diversos segmentos do campo sócio-institucional.

A possibilidade de se pensar uma perspectiva neste campo nomeado de "clínica geral", só é possível levando-se em conta o histórico da pesquisa na Escola, razão pela qual vale fazer um breve resumo desta experiência:

VI.1. Projeto Central do Brasil - Com meninos e meninas de rua

Em 1998, analistas movidos pelo interesse de trabalhar a questão dos discursos, sua relação com o sintoma particular e os efeitos deste no social, iniciaram uma série de entrevistas no extinto Abrigo da Prefeitura, sediado no Batalhão da Polícia Militar da R. Bartolomeu Mitre, Leblon.

A razão da escolha deste segmento da população, isto é, meninos e meninas em situação considerada de risco, deveu-se ao fato de serem adolescentes e estarem num momento sabidamente de questionamento, não só às leis da cidade, mas à Lei que sustenta os liames na cultura. Por isso consideramos que deveriam ter algo a instruir à Psicanálise.

As primeiras entrevistas foram feitas com os educadores e coordenadores do Abrigo. Em seguida, ouvimos os meninos e as meninas com diferentes idades. A grande surpresa foi saber que raros eram os casos de adolescentes sem família. As razões pelas quais encontravam-se nas ruas variavam de maus tratos e desagregação familiar ao puro interesse pela promessa de aventura que as ruas pudessem oferecer. Pudemos também constatar o precário grau de escolaridade e o desinteresse quase total pelo aprendizado formal.

Verificamos que todo esse quadro onde se evidenciava uma precariedade psíquica considerável devia-se a não efetividade de laço entre esses meninos e suas famílias. Por outro lado, escutamos dos responsáveis pelos abrigos que estes também apresentavam pontos de identificação de suas histórias pessoais com as dos meninos, além do despreparo para desempenhar as funções que lhes estavam destinadas.

Num segundo tempo, passamos ao atendimento aos meninos pelo critério de escolha dos coordenadores: cada jovem era atendido em sessões semanais privadas, inicialmente numa Igreja Anglicana situada no Leblon, e depois na 1ª. Igreja Batista, situada em Copacabana, na rua Décio Vilares, quando finalmente nos foi destinada uma sala na SMDS de Laranjeiras (CR2-1). Durante 3 anos, atendemos vários jovens, porém, de forma inconstante, na medida em que, por diversas razões, os órgãos responsáveis não conseguiam sustentar a continuidade das idas às sessões.

Com este trabalho, que gerou vários artigos e textos publicados no Brasil e exterior, pudemos concluir sobre a importância da presença do discurso analítico junto a esses projetos com populações carentes, já que se trata de um instrumento de questionamento e reflexão dos modos de organização cultural em nossa cidade.

Que papel as populações marginais tem na organização da sociedade estabelecida? Sabemos, com a Psicanálise, que aquilo que é rejeitado no simbólico retorna no real. Não seriam, esses sujeitos, o resultado daquilo que somos e que temos vergonha de querer saber? Seriam eles o resultado da nossa agressividade contida pelas leis estabelecidas, e o retorno dos nossos impulsos mais inconfessáveis?

Essas e outras questões foram levantadas e trabalhadas durante reuniões científicas semanais, realizadas sobretudo pela equipe dos psicanalistas envolvidos com os coordenadores da CR2-1.

VI.2. Projeto Central do Brasil II – "Do bebê à constituição de um sujeito"

Em consonância com o projeto anterior, passamos a trabalhar em parceria com a Secretaria Municipal de Desenvolvimento Social, na creche Ana Maria da Cruz Silva/24 hs., situada no Sambódromo, no período de 2000 a 2001.

Partindo da suposição de que uma intervenção realizada a tempo poderia, senão impedir, ao menos minimizar possíveis transtornos na constituição do sujeito, e a fim de facilitar as condições para uma efetiva relação entre pais, filhos e equipe de profissionais da creche, decidiu-se por acompanhar crianças na faixa de 6 meses a 1 ano e meio, em dois berçários (101 e 102).

O trabalho foi realizado nos berçários que necessitavam de atenção específica, com atendentes e cuidadoras com quem se pôde estabelecer uma boa parceria.

Os analistas contribuiram com a revitalização de um espaço denominado Escola de Pais, espaço este destinado a favorecer uma maior integração entre os pais e os profissionais da creche.

Foram dadas uma série de palestras, elaboradas pela equipe de analistas, com temas pertinentes, tais como: a constituição da subjetividade, aquisição da fala, aleitamento e desmame, a construção do vínculo materno-infantil, a função do pai, a importância das cuidadoras no trato com as crianças e outros.

Durante o período de trabalho, numa cooperação mútua com a creche, os analistas procuraram manter reuniões periódicas com os pais, para que estes pudessem estar informados tanto a respeito do funcionamento da creche quanto das questões particulares referentes aos filhos.

Percebeu-se uma mudança significativa nas relações dos profissionais da instituição com as crianças e seus pais, e também observou-se efeitos nas relações sociais e domésticas destas famílias. A presença da escuta analítica passou a ser elemento fundamental para o trabalho.

A realização deste projeto levou-nos a observar o quanto é importante uma atenção específica a este tempo primordial em que são construídas condições necessárias para o advento do aparelho psíquico no *infans,* já que estas condições não dependem somente da maturação biológica.

Ao final, concluímos pela indicação de algumas ações importantes, tanto no âmbito específico da creche quanto num plano mais geral da saúde mental:

- Um comprometimento maior do pai-mãe-bebê no processo de adaptação à creche, sobretudo no período que envolve o aleitamento.

- Cursos de capacitação permanentes para os profissionais envolvidos diretamente com as crianças.
- Avaliações psico-pedagógicas regulares.
- Integração entre equipes multidisciplinares e pais.
- Estabelecimento de convênios com unidades de Saúde Materno-infantil, em instituições universitárias ou assistenciais públicas ou privadas, visando dar suporte necessário aos serviços de: pediatria, enfermagem, preventiva, estimulação psicomotora, nutrição, serviço social e pedagogia.

VI.3. Bebês prematuros em UTI neonatal

Em maio de 2003, iniciamos os trabalhos de pesquisa no interior da Unidade de Tratamento Intensivo e Unidade Intermediária neonatal do Hospital Universitário Antônio Pedro-UFF.

Divididos em equipes de duas ou três pessoas, freqüentamos, uma vez por semana, no período mínimo de duas horas, a UTI e a UI acompanhando os procedimentos realizados pela equipe médica e de enfermagem, bem como conversamos e demos assistência a alguns pais, principalmente às mães.

A despeito da competência das equipes envolvidas, percebemos um certo desconhecimento em relação aos aspectos fundamentais para uma constituição psíquica adequada.

Realizamos então um primeiro encontro, onde fizemos abordagens teóricas e práticas para instruir as equipes. Fizemos um questionário voltado à equipe técnica de enfermagem pretendendo levantar tanto os problemas enfrentados pela mesma no cotidiano das duas unidades hospitalares como as expectativas em relação à colaboração dos analistas com esta equipe.

Percebemos a importância de oferecer um curso de capacitação para transmitir às equipes o conceito de constituição subjetiva. Deste modo, esperamos diminuir o tempo de internação e os danos ulteriores aos bebês.

Realizamos dois outros encontros no auditório do HUAP. Lá apresentamos os resultados das entrevistas realizadas tanto com a equipe médico-hospitalar como com os pais dos bebês. Iniciamos as sessões clínicas no hospital que só foram interrompidas quando da elaboração deste livro.

VI.4. Função Paterna

Iniciamos um trabalho de pesquisa sobre a Função Paterna, há oito anos, em parceria com a equipe de psicologia da 1ª Vara da Infância, da Juventude e do Idoso. O trabalho consiste em receber pais adotivos, requerentes à adoção, crianças e adolescentes já adotados ou em processo adotivo que, por algum motivo, necessitam de um outro lugar de escuta, no caso, escuta psicanalítica. A referida equipe selecionou estes casos e encaminhou para a equipe de psicanalistas da ELP-RJ. Além disso, instituímos sessões clínicas bimestrais, em conjunto com a equipe de psicologia da referida vara, onde discutimos os casos mais instigantes ou que apresentam alguma dúvida sobre a melhor condução a ser dada ao processo, e também questões relativas ao processo de adoção, como, por exemplo, suspensão ou recusa da habilitação, adoção monoparental, etc.

No que tange às conseqüências da escrita destes casos, podemos dizer que a questão maior nesta pesquisa diz respeito ao fato de que não são apenas as disparidades sócio-econômicas de nosso país que geram o abandono e demais perturbações na transmissão geracional. É a fratura ocorrida no seio da família, núcleo original para a transmissão da Lei, em conseqüência da profunda mudança de valores sociais, da globalização etc., que vem dificultando a assunção e o exercício da paternidade. Dizer que a pobreza é a maior responsável pelo abandono de crianças e adolescentes em nossas cidades é simplificar a questão.

Nossa pesquisa vem mostrando que as dificuldades financeiras aliadas à pouca escolaridade, ao desemprego e à falta de projetos para uma vida futura são, juntos, um forte complicador. Mas a questão se coloca no que de mais próximo toca a constituição subjetiva: a dificuldade em se experimentar o Édipo, nos moldes propostos por Freud, uma vez que hoje as famílias são organizadas de uma maneira tal que a matriz pai, mãe e filho não se apresenta, necessariamente, articulada.

Para investigarmos melhor as causas e as conseqüências do abandono subjetivo, onde a função paterna parece incidir fragilmente ou de um modo distinto do esperado no Complexo de Édipo, decidimos criar um novo segmento de pesquisa, que tem como objetivo trabalhar com crianças bem pequenas (de dois a sete anos). Neste projeto de pesquisa pretendemos pensar a aquisição da fala e do escrito, como efeitos da escrita inconsciente do sujeito.

Para tanto, estamos discutindo os moldes de nosso projeto, a fim de, juntamente com os abrigos de crianças e adolescentes abandonados, as creches e as escolas, implementarmos a pesquisa. Esta terá como objeto de estudo as histórias inventadas, contadas, a partir da elaboração fantasística de cada sujeito, em sessões regulares com as crianças e adolescentes e, ao final, o material poderá ser publicado. Nomeamos este trabalho de "Celeiro da Escrita".

Um primeiro encontro do Celeiro já foi realizado no final de 2006 junto ao abrigo "Resgate", de Niterói, com a colaboração da ONG "Quintal da Casa de Ana".

A idéia é promover uma elaboração discursiva sobre o lugar onde cada criança pode se ver em relação à sua própria história edípica, seja re-criando a ficção de sua história, seja criando estórias. Apostamos que a experiência de falar sobre suas fantasias poderá permitir a abertura para o retorno do que está esquecido, não dito, isto é, recalcado; a ficção sobre a origem poderá ter uma chance de ser melhor constituída.

Especificamente em relação à colaboração de pesquisa efetivada a partir das indicações de alguns casos pela equipe técnica da 1ª Vara, verificamos que a questão da adoção de crianças e adolescentes é mais complexa do que o puro e legítimo desejo de ter um filho ou regularizar oficialmente uma situação já existente de convívio. O problema se estende ao entendimento do que o discurso psicanalítico propõe para o termo "adoção", sendo este como ato fundamentalmente simbólico e, portanto, indo além do imaginário que o cerca. Ele coloca, no centro de uma discussão jurídica, a estrutura edípica como o que rege a constituição de uma família e, se essa estrutura não é pensada pela teoria freudiana que hoje vigora, que novas organizações familiares poderiam garantir um lugar para a estruturação de um sujeito?

Outro ponto de reflexão: é preciso promover um trabalho de reintegração no qual os pais e responsáveis possam ter condições de se ocupar de seus filhos. Insistir nas efetivações de adoção pelas próprias famílias de origem, isto é, que os pais possam dar aos filhos um lugar em suas economias psíquicas ao invés de abrirem mão do desejo que fez seus filhos nascerem, mesmo em condições socioeconômicas adversas. Somente no caso de um fracasso desta tentativa se justificaria a adoção por um outro.

Existem razões veladas que dificultam o acolhimento e a adoção efetiva de cada filho. São essas razões que o trabalho psicanalítico visa trazer à discussão, sobretudo nas demandas dos pais e postulantes à adoção, lembrando-lhes que ser pai/ser mãe implica reconhecer, antes, o lugar de filho/filha que se teve para outros. É, pois, do lugar de criança para cada um, enquanto adotado ou não, que se trata.

Depois de mais de dez anos de pesquisa sobre a Função Paterna, a equipe de psicanalistas da ELP-RJ envolvida pôde verificar que o problema de fundo levantado pelo questionamento das vicissitudes da Função Paterna na nossa cultura está vinculado não apenas às disparidades socioeconômicas de nosso país, mas, também, a um enorme adormecimento, um verdadeiro desconhecimento das conseqüências do discurso dominante, isto é, o discurso do capitalista, junto a esta população.

VII

GLOSSÁRIO

CATECOLAMINAS – são substâncias metabólicas, hormônios etc., liberados pela mãe na corrente sanguínea, em situações de stress, medo, etc., que atingem, via cordão umbilical, o bebê.

FASE REM – *Rapid Eyes Movement* - é o sono, nem profundo nem superficial, mas qualitativamente diferente. O padrão no EEG (eletroencefalograma) é semelhante ao outro estágio do sono, o não-REM em sua fase 1 (ele tem 4 fases), que é a mais superficial. No sono REM acontece a maior parte dos sonhos e, em 90% das vezes em que um sujeito for acordado aqui, ele lembrará o que estava sonhando. Os geradores do sono REM estão localizados na Ponte Cerebral e é a Glândula Pineal quem regula a secreção do hormônio melatonina, fundamental para o sono.

OUTRO – Conceito com o qual Lacan designa o lugar da fala propriamente dita, ou seja, a referência do simbólico.

DESEJO – o que se forma entre necessidade e demanda como força da pura perda.

SER DO SIGNIFICANTE - A problemática do ser em Lacan deve ser tomada pela raiz, no momento do engajamento do sujeito na linguagem por seu ato de enunciação. É a posição em que o sujeito fica representado de um significante para outro; o ser na linguagem

DISCURSO DO MESTRE – um dos quatro discursos propostos e desenvolvidos por Lacan em *O Seminário 17: o avesso da psicanálise.* Trata-se de uma referência explícita a Hegel, que escreveu sobre o Discurso do Senhor e do Escravo. Para Lacan, o Discurso do Mestre é, num certo sentido, aparentado com o Discurso Analítico pois, no primeiro, a verdade, estando velada, faz ressaltar o vigor do que se apresenta na análise.

PULSÃO ESCÓPICA E PULSÃO INVOCANTE – Estas são as duas pulsões que Lacan acrescentou ao rol das pulsões propostas por Freud. A característica fundamental que as duas apresentam é o fato de não encontrarem suporte em objetos da realidade sensível, tal como as fezes, para a pulsão anal, e o alimento, para a pulsão oral.

CONEXÕES SINÁPTICAS NEURONAIS – São as terminações dos dendritos, isto é, da parte mais distal de cada neurônio, onde descargas elétricas ocorrem sendo estas transmitidas de um neurônio a outro, ligados "em rede".

SISTEMA LÍMBICO – Uma das regiões mapeadas do cérebro, sendo considerado o centro das emoções.

CAMPO DISCURSIVO – Assim é chamado o Simbólico propriamente dito, diretamente relacionado à possibilidade da constituição do inconsciente como um lugar subjetivo estruturante do qual a fala e linguagem participam.

HIDROPSIA FETAL = acúmulo anormal de líquido nos tecidos fetais, secundário, por exemplo, à destruição das hemácias na vida intra-uterina.

AMÍGDALA = estrutura anatômica constituída de substância cinzenta e localizada no lobo temporal cerebral. Acredita-se que a amígdala atribua significado emocional às informações provenientes do olfato, das vísceras e do corpo.

SISTEMA LÍMBICO = conjunto de estruturas anatômicas situadas no centro do cérebro que participam ativamente da manifestação e regulação das emoções. As estruturas implicadas são: giro do cíngulo, hipocampo, hipotálamo, tálamo, epitálamo, área septal e amígdala.

JANELAS CEREBRAIS DE OPORTUNIDADE = janela de oportunidade é um curto período de tempo durante o qual existe uma oportunidade de se intervir. Uma janela cerebral de oportunidade diz respeito ao período em que uma intervenção pode recuperar ou habilitar determinada função realizada pelo cérebro sadio.

VIII

REFERÊNCIAS BIBLIOGRÁFICAS

Ansermet, F. *Clínica da Origem – A Criança entre a Medicina e a Psicanálise.* Rio de Janeiro, Contra Capa, 2003.

Berges, J. e Balbo, g. *A criança e a psicanálise.* Artes Médicas, São Paulo, 1997.

Coriat. Elsa. Psicanálise e Clínica de Bebês. Artes e Ofícios, Porto Alegre, 1997.

Dolto, F. e Hammad N. *Destinos de crianças,* Rio de Janeiro, Martins Fontes Ed., 1998.

Dolto, F. *Inconsciente e destinos.* Jorge Zahas Ed. Rio de Janeiro 1989.

Dor, J. *O pai e sua função em psicanálise,* Rio de Janeiro, Jorge Zahar Ed., 1991.

Fernandes, R. L. *O olhar do engano,* Escrita. São Paulo, 2000.

Lacan, J. *O Seminário – Livro 3 – As Psicoses,* Rio de Janeiro, Jorge Zahar Ed. 1988.

Lacan, J. *O Seminário – Livro 4 – A relação de objeto,* Rio de Janeiro, Jorge Zahar Ed., 1995.

Lacan, J. *O Seminário – Livro 5 – As formações do inconsciente,* Rio de Janeiro, Jorge Zahar Ed.

Lacan, J., *Nota sobre a criança,* Jorge Zahar Editor, Rio de Janeiro, 2003.

Laznik-Penot, M. *Rumo à Palavra,* Escuta Ed., 1997.

Quinet A., in Quinet. A. (Org.) *Psicanálise e Psiquiatria*

Lefort, Rosine. *Nascimento do Outro.* Biblioteca Freudiana Brasileira. Editora Fator Sivaria, Salvador, 1984.

Sigmund, F. *Obras completas Vol.XVI ESB,* Rio de Janeiro, Imago Ed., 1976.

Volnovich J. *A psicose na criança,* Rio de Janeiro, Relume Dumará, 1993.
Wanderley, D. B. *Palavras em torno do berço.* Agalma, Porto Alegre, 1997.
Yankelevich, H. *Do Pai à Letra,* Companhia de Freud Ed., 2004.

Equipe da pesquisa

André Luís de Oliveira Lopes
Bethânia Mariani
Fernando Baron
Márcio Vasconcelos (coordenador pelo HUAP)
Maria Cecília Vieira Bretas
MariaTeresa Saraiva Melloni
Miriam Celli Dyskant
Shirley D'Avila Baron
Teresa Palazzo Nazar (coordenadora pela ELP-RJ)

Equipe revisora

André Luís de Oliveira Lopes
Bethânia Mariani
Cristina Ribas
Darlene Vianna Gaudio Angelo
Maria Cecília Vieira Bretas
Miriam Celli Dyskant
Teresa Palazzo Nazar

Impresso por:

Edil
Artes Gráficas

Tel/Fax: (21) 2159 7979
E-mail: edil@edil.com.br